Heinrich Schneegans

Groteske Satire bei Molière?

Ein Beitrag zur Komik Molières

Heinrich Schneegans

Groteske Satire bei Molière?
Ein Beitrag zur Komik Molières

ISBN/EAN: 9783743444140

Hergestellt in Europa, USA, Kanada, Australien, Japan

Cover: Foto ©Thomas Meinert / pixelio.de

Manufactured and distributed by brebook publishing software (www.brebook.com)

Heinrich Schneegans

Groteske Satire bei Molière?

GROTESKE SATIRE BEI MOLIÈRE?

EIN BEITRAG ZUR KOMIK MOLIÈRES

VON

H. SCHNEEGANS

HALLE a. S.
MAX NIEMEYER
1899

SONDERABZUG AUS: BEITRÄGE ZUR ROMANISCHEN PHILOLOGIE
FESTGABE FÜR GUSTAV GRÖBER

Groteske Satire bei Molière?
Ein Beitrag zur Komik Molière's.

So sorglich sich die Molièreforschung der Biographie des grossen Komikers, der Ermittelung seiner Quellen und der Untersuchung seines Verhältnisses zu den zeitgenössischen Dichtern und massgebenden Persönlichkeiten angenommen hat, so stiefmütterlich hat sie eigentlich die Frage nach dem Wesen des Komischen in seinen Lustspielen behandelt. Die Molièrebiographen haben die Frage nicht einer näheren Untersuchung gewürdigt. Entweder geben sie nur kurze Bemerkungen im Anschluss an die einzelnen Stücke[1] oder bleiben in ihren Betrachtungen zu sehr auf der Oberfläche.[2] Die Einzelforschung hat nur selten die Frage aufgegriffen und lange nicht erschöpft.[3]

---

[1] So Mahrenholtz, der wohl ein Kapitel über Molière's moralische, religiöse und politische Richtung, über sein Verhältnis zur Wissenschaft, zur Schauspielerkunst, auch eines über seine Litteratur und Weltkenntnis sowie über seine dichterische Originalität bietet, aber das Wesen des Komischen bei ihm nicht untersucht (vgl. Mahrenholtz: Molière's Leben und Werke vom Standpunkt der heutigen Forschung, 1881, 2. Bd. Franz. Studien von Körting und Koschwitz).

[2] Das muss man leider auch von Lotheissen sagen „Molière, sein Leben und seine Werke 1880", namentlich von seinen Bemerkungen über das Wesen der Komik im Anfang. Im Kapitel „Molière's Stellung in der Geschichte des Lustspiels" finden wir wertvolle Ansätze, aber nicht mehr. Le Breton in Petit de Julleville's Litteraturgeschichte Bd. V bietet in den Kapiteln „Système dramatique de Molière S. 24 ff." und „le Comique de Molière S. 57", nichts, was irgendwie in die Tiefe ginge. — Larroumet in seinem schönen Buch „la Comédie de Molière" berührt die Frage ebensowenig wie Taschereau und Claretie in ihren Molièrebiographien.

[3] Auf die wenigen Untersuchungen kommen wir weiter unten zu sprechen. Von Bedeutung ist eigentlich nur Louis Vivier in einer Reihe von recht interessanten, unter dem Titel „L'art de Molière", im Molièriste VIII

— Wir haben im Folgenden vor, nur die eine Seite des Komischen bei Molière zu untersuchen, können aber, wenn wir die im Titel gestellte Frage lösen wollen, die wichtigsten Grundfragen nach dem Wesen des Komischen bei ihm nicht umgehen.

Schon zu Molière's Zeiten hat man den grossen Unterschied, der zwischen seinen Farcen und Charakterkomödien besteht, herausgefühlt. Die Verschiedenheit erblickte man aber meistens nur im Gegensatz des Feineren zum Rohen. So Boileau in den berühmten Versen des Art poétique III:

> „C'est par là que Molière illustrant ses écrits
> Peut-être de son art eût remporté le prix,
> Si moins ami du peuple, en ses doctes peintures
> Il n'eût point fait souvent grimacer ses figures;
> Quitté pour le bouffon l'agréable et le fin
> Et sans honte à Térence allié Tabarin.
> Dans ce sac ridicule où Scapin s'enveloppe
> Je ne reconnais plus l'auteur du Misanthrope."

Diese Auffassung findet man heutzutage noch. Die Farce ist nach der Meinung Vieler die untergeordnete Gattung, die den Dichter auf niedriger Stufe erscheinen lässt.[1]) Diese Ansicht bekundet, meines Erachtens, eine gänzliche Verkennung des ästhetischen Wertes beider Gattungen. Vom ästhetischen

---

erschienenen Artikeln. Die anderen Zss., auch das Molièremuseum, enthalten nichts derartiges.

[1]) In seinem Programm „Molière in seinen Farcen und ersten Komödien Straussberg 1877" meint Klug in Bezug auf seine Farcen und ersten Komödien: „Selbstverständlich sind auch wir der Meinung, dass es Molière erst nach vielen Missgriffen und Schwankungen gelungen sei, zum Bau einer untadeligen Komödie vorzudringen". Auch spricht er von der „Hilflosigkeit und Unbeholfenheit" des Dichters in diesen ersten Komödien. — Mahrenholtz drückt sich in Bezug auf die Possen meistens so aus, als ob sie etwas verwerfliches und untergeordnetes wären. So S. 94: „der Neigung zum Possenhaften" sagt er, „trug Molière mehr Rechnung als für seinen Ruhm dienlich gewesen ist"; S. 237 rühmt er es an Molière, dass er im Avare den Abweg in das Volkstümlich-Possenhafte vermieden habe. S. 239 bedauert er den Rückfall in jene niedere possenhafte Komik, welche die Farcen und die ersten Jugendstücke des Dichters bekunden; S. 241 sagt er, er hätte sich geschämt, bei der Aufführung einer Molière'schen Posse wider sein besseres Wollen gelacht zu haben. In den oben citierten Artikeln sucht auch Louis Vivier alle möglichen Gründe, um Molière zu „entschuldigen", dass er Pourceaugnac (S. 257) und „les fourberies de Scapin" (S. 266) geschrieben habe.

Standpunkt kann die Posse nie und nimmermehr als eine niedrigere Gattung angesehn werden als das Charakterlustspiel. Zum Dichten einer guten Posse gehört ebensogut Genie wie zum Dichten eines Charakterlustspiels.[1]) Der „Médecin malgré lui" ist als Posse ein ebenso geniales Stück wie der „Tartuffe" als Charakterlustspiel. Aber warum kann uns dieses Stück in die ausgelassenste Lustigkeit versetzen, während uns sogar manches Charakterlustspiel Molière's heutzutage kalt lässt? Etwa weil Stücke dieser Art s. g. niedrigen Instinkten bei uns schmeicheln, oder weil wir uns eines weniger fein entwickelten ästhetischen Geschmacks rühmen dürfen? Wohl kaum! Wir haben es hier nämlich nicht mit einer Unter- und Oberstufe zu thun, sondern mit zwei verschiedenen Arten des Komischen, die nebeneinander sehr wohl ihre Berechtigung haben. Vom ästhetischen Standpunkte aus, wohlverstanden. Ein Eindringen in die Entstehung des Komischen in beiden Fällen wird uns überzeugen.

Die Ursache des Komischen erblickte ich in meiner Geschichte der grotesken Satire S. 20 in dem plötzlichen Zusammenstoss eines Lust- und Unlustgefühls. Das Lustgefühl entstand dadurch, dass eine neue Vorstellung schnell und ungestört zu einer im Bewusstsein vorhandenen sich assimilierte, während das Unlustgefühl seine Quelle in dem Umstande fand, dass die neue Vorstellung in Widerspruch mit den im Bewusstsein sich befindenden geriet und deshalb isoliert blieb. Beim Possenhaften bestand das Gefühl der Lust in der Freude über einen gelungenen Streich, das Unlustgefühl dagegen in der durch die angeschaute Zweckwidrigkeit und Unwahrscheinlichkeit hervorgerufenen Dummheit. Ich führte als Beispiel eine Scene aus einer Harlekinade an, in welcher der Harlekin einem Stotterer, der ein schweres Wort nicht herausbringen konnte, dadurch half, dass er ihm urplötzlich mit dem Kopf gegen den Bauch rannte. In diesem Beispiel geht das Unlustgefühl aus der grossartigen Dummheit hervor, welche darin besteht, einem Stotterer dadurch helfen zu wollen, dass man ihm einen Stoss gegen den Bauch giebt. Diese neue Art von Heilung kann sich zu den in unserm Bewusstsein vor-

---

[1]) Diderot soll gesagt haben: „Si l'on croit qu'il y a beaucoup plus d'hommes capables de faire Pourceaugnac que le Misanthrope, on se trompe" vgl. Molièriste VIII, S. 259.

handenen Vorstellungen von Heilungen durchaus nicht assimilieren. Die Vorstellung bleibt infolgedessen isoliert und verursacht ein Unlustgefühl; dieses Unlustgefühl tritt aber sofort mit einem Lustgefühl viel stärkerer Art in Konflikt. Bei aller Sonderbarkeit ist der Einfall des Harlekin doch ganz klug. Es ist ihm gelungen etwas fertig zu bringen, was wir für unmöglich hielten. Jeder gelungene Streich erweckt aber in uns ein Lustgefühl, denn jede neue Erfahrung einer Ueberwindung von Schwierigkeiten bereichert unser Wissen, in anderen Worten assimiliert sich zu den zahlreichen in unserm Bewusstsein schon vorhandenen Vorstellungen ähnlicher Erfahrungen. Aus dem Zusammenprallen beider Gefühle entsteht ein starkes, lustiges Lachen, das von ganz harmloser Art ist, da das Lustgefühl in der von hässlichem Egoismus ganz freien Freude über den gelungenen Streich eines Anderen seine Quelle hat. Dieses Lachen wird auch durch die s. g. Farcen Molière's verursacht. Als solche wäre ich geneigt anzusehen, als die gelungensten „le Médecin malgré lui" und „Monsieur de Pourceaugnac", dann „l'Amour médecin" und „le Mariage forcé", ferner schon zur Intriguenkomödie gehörend, „les Fourberies de Scapin, l'Etourdi und le Dépit amoureux".[1])

Sehen wir uns zunächst den „Médecin malgré lui" etwas genauer an. Einerseits erscheint uns die Geschichte dieses rohen Holzhauers, der seine Frau durchprügelt, dann aber selbst durch Haue veranlasst wird, gegen seinen Willen als Arzt in der Stadt aufzutreten, und gegen unser Erwarten von den Leuten wirklich als grosser Arzt angestaunt und bewundert wird, aller Wahrscheinlichkeit zuwiderlaufend, und deshalb auf den ersten Blick dumm. Die Vorstellung eines solchen Menschen findet nichts Analoges in unserm Bewusstsein, kann sich mit keiner der sich in demselben befindenden Vorstellungen associeren, bleibt isoliert, und verursacht infolgedessen ein Unlustgefühl. Dieses tritt aber sofort in Konflikt mit einem mächtigen Lustgefühl. So dumm die Geschichte auch ist, die uns hier vorgeführt wird, sie ist doch höchst witzig zu gleicher Zeit. Wenn wir es recht bedenken, ist dieser Holzhauer doch ein wahres Genie in seiner Art. Ein

---

[1]) Ueber das Verhältnis der Posse zur s. g. Intriguenkomödie vgl. weiter unten S. 10 ff. George Dandin, den Lotheissen als Posse ansieht, ist meiner Ansicht nach eine Sittenkomödie.

Anderer hätte die Rolle als Arzt niemals spielen können und
wäre als Schwindler sofort entlarvt worden. Dank seiner grossartigen Frechheit, weiss er es aber so einzurichten, dass er den
Leuten fortwährend Sand in die Augen streut. Von Medizin
weiss er rein gar nichts, aber durch sein sicheres Auftreten,
durch die Paar Brocken Latein, die er früher gelernt hat, und
mit denen er um sich wirft, durch sein geschicktes Ausnutzen
der Dummheit Anderer, weiss er den Streich, der gegen ihn
gespielt werden sollte, nicht bloss unschädlich zu machen, sondern
sogar zu seinem eigenen Profit auszubeuten. Ich will hier nur
an folgende köstliche Scene erinnern, in welcher er sich mit
wahrhaftig grossartiger Genialität aus der Schlinge zu ziehen
weiss. Géronte frägt ihn, woher es komme, dass seine Tochter
stumm sei. „Es ist nichts leichter zu erklären", antwortet er mit
verblüffender Sicherheit. „Es kommt daher, dass sie die Sprache
verloren hat." — „Sehr wohl", erwidert Géronte, „aber die Ursache, bitte, welche bewirkt, dass sie die Sprache verloren hat?"
— Alle unsere besten Autoren, meint Sganarelle, werden Ihnen
sagen, *„que c'est l'empêchement de l'action de la langue"*. Und
als Géronte sich auch damit noch nicht begnügt, und weiter
frägt, nimmt er, nachdem er sich versichert hat, dass Géronte
kein Latein versteht, seine Zuflucht zu dem furchtbarsten
Kauderwelsch, bringt alle möglichen gelehrten Wörter und
Phrasen, die er je in seinem Leben gehört, durcheinander, und
überschüttet den guten Mann mit einer solchen Flut nichtsbedeutender, aber höchst wichtig erscheinender Redensarten,
dass derselbe schliesslich in den Ruf ausbricht: *„On ne peut
pas mieux raisonner, sans doute"*. Und selbst die Blösse, die er
sich gegeben hat, als er in seiner grossartigen Unwissenheit das
Herz auf die rechte und die Leber auf die linke Seite gesetzt
hat, weiss er durch die selbstverständlich aussehende Bemerkung
wieder gut zu machen *„Oui, celà était autrefois ainsi, mais nous
avons changé tout celà, et nous faisons maintenant la médecine
d'une méthode toute nouvelle"*.[1]) Und Géronte ist so überzeugt
von der Richtigkeit dieser Behauptung, dass er kleinlaut um
Verzeihung bittet: *„C'est ce que je ne savois pas et je vous
demande pardon de mon ignorance"*. Die Geschicklichkeit unseres

---

[1]) Ueber den Umstand, der vielleicht Molière zum Anbringen dieses
Scherzes veranlasste, vgl. Moliériste V, S. 119 und VI, S. 189.

Holzhauers erfüllt uns ebenso mit Bewunderung wie diejenige des Harlekin. Es ist also wiederum der gelungene Streich, der in uns ein Lustgefühl erweckt.

Die Posse „M. de Pourceaugnac" verursacht die gleiche komische Wirkung. Auf den ersten Blick erscheint uns die Geschichte des guten limusiner Edelmannes, weil sie ebenfalls aller Wahrscheinlichkeit widerspricht, entsetzlich albern. Wie kann man uns zumuten, zu glauben, dass Pourceaugnac auf alle plumpen Streiche hereinfällt, die man ihm in der Hauptstadt spielt, um ihm die Heirat der Tochter des Oronte gründlich zu verleiden! Wird er wirklich nicht merken, dass Eraste ihn betrügt, wenn er ihn bei seiner Ankunft als einen seiner besten Freunde umarmt, mit dem er schon in Limoges zusammen gewesen ist? Es ist doch nicht schwer zu merken, dass Eraste keine Ahnung weder von der Stadt noch von seiner Verwandtschaft hat. Und wie kann er die zwei Aerzte, die ihm Eraste auf den Hals schickt, für zwei Wirte halten, die ihn beherbergen wollen? Er müsste sie doch an der Kleidung sofort erkennen! Und endlich, die zwei Frauen, die ihn als ihren durchgebrannten treulosen Gatten verfolgen, die Kinder, die in ihm ihren pflichtvergessenen Papa wiedererkennen wollen, seine Verkleidung als Dame, aus Furcht vor seiner Verurteilung als Polygame, sein Abenteuer mit den Schweizern, die ihm galante Anerbietungen machen, ist das nicht alles der Gipfel der Unwahrscheinlichkeit? Kommt uns das nicht entsetzlich dumm vor, und erregt es nicht infolgedessen ein Unlustgefühl? Gewiss, aber dieses Unlustgefühl tritt sofort mit einem viel mächtigeren Lustgefühl in Konflikt! Ganz ebenso wie bei den vorigen Fällen. Wenn wir es recht bedenken, so sind das doch alles sehr kluge Einfälle, famos gelungene Streiche, die uns da vorgeführt werden. Um Pourceaugnac die Heirat mit Julie zu verleiden, konnten keine besseren Streiche erdacht werden, als diejenigen, welche uns dargestellt werden. Eraste, Sbrigani, Nérine, selbst Julie wissen die Streiche von Pourceaugnac so genial auszunutzen, ihre ganze Intrigue baut sich so klug auf, dass wir voller Bewunderung für sie sind. Schon der Gedanke allein, dass Julie den ihm aufgedrungenen Bräutigam durch übertriebenes Entgegenkommen, das an das Unschickliche grenzt, stutzig macht, wäre genial zu nennen. Sie weiss ganz gut, dass sie einen biederen Provinzialen, der gerade in dieser Beziehung besonders streng sein muss, durch ein solches Betragen am meisten vor den Kopf stossen wird. Und an einen gegen ihn geführten Streich wird er da am allerwenigsten glauben. Solchen Kniffen gegenüber ist er vollständig wehrlos. Also erreichen sie alle glänzend ihren Zweck. Wir bewundern wieder den gelungenen Streich. Der einzige Unterschied gegen den Médecin malgré lui wird wohl der sein, dass hier vielleicht das Mitleid für den armen Pourceaugnac, dem so übel mitgespielt wird, die Freude am gelungenen Streich bei besonders weichherzig oder streng moralisch angelegten Leuten beeinträchtigen kann. Doch ist das für die komische Wirkung nicht das Ausschlaggebende. Das Publikum der Posse, das naive Volk wird sich daran nicht stossen.[1])

So gelungen wie die beiden besprochenen Possen sind keine sonst bei Molière.[2]) Doch entsteht die komische Wirkung auf ähnliche Art. Im Etourdi und den Fourberies de Scapin freilich hat es der Dichter nicht vermocht das Lustgefühl viel stärker zu entwickeln als das Unlustgefühl. Die angeschaute Dummheit macht in einer weniger gelungenen Posse oft mehr Eindruck als der gelungene Streich.[3]) Wenn Scapin in jener Scene, die Boileau so sehr empörte, den alten Géronte, den er in einen Sack eingeschlossen hat, angeblich um ihn gegen seine Verfolger zu retten, windelweich durchhaut, indem er ihn glauben macht, die Schläge, die er bekommt, würden ihm von den ihn

---

[1]) Dieser Umstand hat den einen oder anderen Aestheitker veranlasst, um Molière gegen den Vorwurf der Roheit zu schützen, in diesem Stück ein satirisches Element hervorzuheben, das meines Erachtens nicht in den Vordergrund treten darf. So L. Vivier l. c., der behauptet, Molière habe sich an der Unverschämtheit eines limusiner Edelmanns rächen wollen. Eine solche persönliche Rache wäre aber meiner Ansicht nach schlimmer als die Posse.

[2]) Ich kann sie nicht alle im Einzelnen durchnehmen. Man untersuche aber nach dem gegebenen Vorbild den Amour médecin und den Mariage forcé auf ihre possenhaften Elemente hin.

[3]) A. W. Schlegel in seinen Vorlesungen über dramatische Kunst und Litteratur hat die Empfindung, dass die Unverschämtheit in den Fourberies zu gross ist. Er sagt S. 105 in Böckings Ausg., Leipzig 1846 „der harmlose Blödsinn der beiden Alten reicht kaum hin, es glaublich zu machen, dass sie ohne alle Schwierigkeit in eine so handgreifliche, grob gesponnene Schlinge hineingehen". Das scharfe Urteil Boileau's über Molière's Possen überhaupt mag auch wohl aus der Empfindung hervorgegangen sein. Ein weniger gelungenes Stück sollte aber nicht dazu führen, die ganze Gattung zu verdammen.

verfolgenden Raufbolden erteilt, mit denen er sich zum Schein unterhält, so ist die Unwahrscheinlichkeit des Gelingens eines solchen Streichs doch so gross, dass sie der Bewunderung für den in der That gelungenen Schelmenstreich in unserm Empfinden gewiss die Wage halten wird. Da infolgedessen das Lustgefühl dem Unlustgefühl kaum überlegen sein wird, so wird das entstehende Lachen die übermütige Ausgelassenheit, die es bei den vorigen Beispielen charakterisierte, kaum erreichen. Hierzu kommt gewiss auch noch der Umstand, dass bei diesem Beispiel die rohe Handlungsweise Scapin's dem armen Greise gegenüber ein moralisches Unbehagen hervorrufen wird, welches das andere Unlustgefühl noch verstärken wird. Beim moralisch weniger entwickelten Volke oder bei Kindern, wird dieses Unlustgefühl natürlich viel weniger leicht aufkommen können. Ausserdem macht in diesen Gesellschaftsklassen oder in diesem Alter die physische Ueberlegenheit einen so grossen Eindruck, dass sie die Entwickelung eines Lustgefühls nur begünstigt. Aus diesem Grunde wird eine solche Scene wie die eben geschilderte dem Volke oder der Jugend viel besser gefallen als uns, wie ja überhaupt die Possen, in welchen Prügeleien die Hauptrolle spielen die eigentliche komische Domäne von Volk und Jugend sind.

Von der Posse weicht, was die komische Wirkung betrifft, die Intriguenkomödie nicht viel ab. Der einzige Unterschied wird wohl der sein, dass die Geschicklichkeit, die wir darin bewundern, nicht auf das Konto einer der in dem Stück auftretenden Personen, sondern auf dasjenige des Dichters zu setzen ist, der es so gut versteht, die verschiedensten Fäden zu verwirren, ohne dass die grosse Unwahrscheinlichkeit der verwickelten Handlung ad absurdum geführt wird. Ein solches Stück dürfte Sganarelle ou le cocu imaginaire sein. Im Grunde genommen ist die Intrigue so unwahrscheinlich als möglich. Man denke nur: Célie beklagt sich darüber, dass ihr Vater sie ihrem teuern Lélie nicht zur Frau geben will, und während sie dessen Bild anschaut, das sie in einem Médaillon bei sich trägt, fällt sie in Ohnmacht und lässt zugleich das Bild auf die Erde fallen. Sganarelle, ihr Nachbar, eilt ihr zu Hülfe. Während er sie in seinen Armen hält, um sie aufzuheben, erblickt ihn vom Fenster aus seine Frau; sofort fasst sie den Verdacht, er möchte untreu sein. Sganarelle hegt ihr gegenüber denselben Verdacht, als er hinzukommt und sieht, wie sie das von Célie dagelassene Bild Lélies, welches sie aufgehoben, in Händen hält. In Lélie, den er nicht kennt, glaubt er den Geliebten seiner Frau entdecken zu sollen. Beide Gatten machen sich gegenseitig ebenso unberechtigte als erbitterte Vorwürfe. Darauf kommt Lélie von der Reise zurück. Sganarelle, der ihn an dem in seinem Besitze befindlichen Bilde, das er in der Hand seiner Frau gefunden hat, erkennt, hält ihn für den Geliebten seiner Gattin. Er dagegen glaubt in ihm den Gatten seiner Célie, die sich inzwischen verheiratet habe, erkennen zu sollen, und fällt aus Verzweiflung darüber ebenfalls in Ohnmacht, und zwar just in die Arme der Frau von Sganarelle, die ebenso hilfbereit ist, wie ihr Gatte vorher der Célie gegenüber. Sganarelle, der kurze Zeit nachher den Lélie, der inzwischen wieder zu sich gekommen ist, aus dem Hause seiner Frau kommen sieht, ist natürlich nunmehr vollständig von ihrer Schuld überzeugt und erzählt der Célie, die seine Klagen zufällig gehört hat, dass Lélie der Geliebte seiner Frau ist. Nunmehr ist auch sie in Verzweiflung und aus Entrüstung bereit den Gatten zu nehmen, den ihr Vater ihr vorschlägt. So ist es denn dem Dichter gelungen durch eine und dieselbe Intrigue die Eifersucht der zwei Männer und der zwei Frauen gegeneinander zu erwecken. Die Lösung des Knotens wird ebenso unwahrscheinlich als dessen Schürzung durch eine schwatzhafte Magd, die alles mit angesehen, herbeigeführt. Ich glaube, dass ich mich nicht täusche, wenn ich das zur Hervorbringung der komischen Wirkung nötige Unlustgefühl wiederum in der grossartigen Unwahrscheinlichkeit resp. Dummheit dieser Scenen, die allen unseren sonstigen Erfahrungen widersprechen, suche. Ein einziges Wort der Erklärung würde ja genügen, das ganze luftige Gebäude zu zerstören. Das Lustgefühl hat aber seine Quelle in der Freude, die wir über die Geschicklichkeit des Dichters empfinden, der es zu Stande bringt, so unwahrscheinliche Dinge doch so darzustellen, dass sie nicht unmöglich erscheinen, und der spielenden Leichtigkeit, mit welcher er es versteht, alle sich ihm entgegensetzenden Schwierigkeiten zu überwinden.

Im allgemeinen hat es Molière lieber, in seinen Komödien die klugen Streiche mit denen er uns amüsieren will, durch die Personen des Stückes selbst ausführen zu lassen. Und die Intrigue spielt dabei keine grosse Rolle. Das Schürzen des Knotens ist ja überhaupt nie Molières starke Seite gewesen.

In dieser Hinsicht ist ihm die moderne Komik weit überlegen. Labiche hat in seinen Stücken wohl das Hervorragendste geleistet, was nach der Seite hin versucht worden ist. Sein „Chapeau de paille d'Italie" ist das genialste derartige Stück, das ich kenne. Es ist zugleich ein glänzendes Beispiel dafür, wie nahe Intriguenkomödie und Posse mit einander verwandt sind.[1]) Beide haben auch denselben Zweck: Durch ihre

---

[1]) Ich rufe die Handlung ins Gedächtnis zurück: Einem jungen Manne Fadinard, der eben im Begriff ist Hochzeit zu feiern, muss das Unglück passieren, dass, während er sich mit der ganzen Hochzeitsgesellschaft auf den Weg nach Paris macht, das Pferd seines Wagens einen kostbaren Strohhut, den eine Dame (Anaïs) im Bois de Vincennes, an einen Baum aufgehängt hat, zerfrisst. Er wird deshalb von dem Offizier (Emile), mit welchem dieselbe ein Rendez-vous hat, zur Rede gestellt und bis in seine Wohnung verfolgt. Da zufällig das Dienstmädchen der Anaïs, welche im Hause Fadinards mit dem Diener desselben ein Rendez-vous hat, das im Besitze Fadinards befindliche, übrig bleibende Stück des Strohhutes erwischt und Anaïs infolgedessen fürchten muss, dass ihr Mann ihr Verhältnis mit Emile erfahren werde, verlangt sie, dass Fadinard ihr sofort einen ähnlichen Strohhut kaufe. Fadinard willigt, um einen Skandal mit dem Offizier zu vermeiden, ein, obgleich seine ganze Hochzeitsgesellschaft in Droschken unten vor der Thüre wartet. Während der Offizier und Anaïs in seiner Wohnung zurückbleiben, geht er, von der ganzen Hochzeitsgesellschaft begleitet, einen Hut in einem Modegeschäft zu kaufen. Dort will das Unglück, dass er seine frühere Geliebte wiedertrifft, der er die Ehe versprochen hat. Wiederum aus Furcht vor einem Skandal, lässt er die Hochzeitsgesellschaft glauben, dass das Modegeschäft die Mairie ist, in welcher die Ehe geschlossen werden soll. Einen gleichen Strohhut kann er aber, da er sehr seltener Art ist, dort nicht finden. Seine frühere Geliebte vertraut ihm nun, unter der Bedingung, dass er sie dann heiraten werde, an, dass die Baronne de Champigny einen solchen Hut besitze. Sofort macht sich Fadinard auf den Weg dorthin, immer von der Hochzeitsgesellschaft verfolgt, welche sich nun einbildet, man gehe zum Essen ins Gasthaus. Die Baronne de Champigny erwartet gerade einen etwas sonderbaren berühmten Neapolitaner Sänger zum Abend bei ihr. Als Fadinard dort ankommt, wird er für den betreffenden gehalten, und erlebt mit der Hochzeitsgesellschaft, die dort ein vorzügliches Hochzeitsmahl nebst famos organisierter Soirée mit Ball, vorzufinden meint, die allertollsten Abenteuer. Den Hut bekommt er aber nicht, da die Baronne denselben ihrer Nichte geschenkt hat. Sofort eilt er zu derselben und findet ihren Mann, Herrn Beauperthuis im Begriff ein Fussbad zu nehmen. Derselbe erwartet mit Ungeduld seine Frau, die seit dem Morgen ausgeblieben ist. Den Fadinard, der furchtbar aufgeregt spät Abends bei ihm einbricht, hält er zuerst für einen Dieb, der einen Raubmord an ihm verüben will. Die Hochzeitsgesellschaft glaubt sich endlich zu Hause angekommen und will sich für die Nacht häuslich einrichten. Nach einer Reihe toller Scenen, kommt es schliesslich heraus, dass die Dame, welche Herr

ganz harmlose und naive Komik wollen sie nur unterhalten, niemals verspotten. Das ist meines Erachtens der springende Punkt, der sie von dem andern Lustspiel, das ich satirisches Lustspiel nennen möchte, trennt.[1])

Merkwürdigerweise haben die Aesthetiker und Litteraten, die sich mit dem Wesen des Komischen bei Molière beschäftigten, den grossen Unterschied, der zwischen der eben besprochenen Komik und der andern besteht, nicht genügend herausgefühlt. Einige halten nur das Satirisch-Komische für berechtigt und sehen das andere, sobald es bei Molière vorkommt, für eine Verirrung an. So sagt Vivier S. 269 l. c. *„Le comique est l'expression du ridicule et de la sottise — le plaisir comique est celui que nous trouvons à l'expression du ridicule et de la sottise."* Als Ziel der Komödie sieht er nur folgendes an: *„La comédie s'est choisi le rôle de nous éclairer en flagellant les préjugés et la sottise"*. Ebenso sagt er S. 209: *„l'art comique commence à la satire personnelle, continue par l'observation des mœurs, aboutit au caractère, c'est à dire une des formes permanentes de l'humanité; il commence à l'individu, continue par le groupe, aboutit à l'espèce"*. Deshalb muss er, um Molière's Komik in den Possen verständlich zu machen, alle möglichen Kunststückchen anwenden. Er sucht nach Satirischem, wo solches nicht vorhanden ist. So im Monsieur de Pourceaugnac (vgl. o.). Auch die Fourberies de Scapin sucht er zu „entschuldigen" (S. 266), indem er sagt: *„Nous ne sommes pas fâchés de punir la liaison des deux*

Beauperthuis erwartet, keine andere ist, als diejenige, die in Fadinard's Wohnung ist (Anaïs), dass also der Strohhut, nach dem er sucht, derselbe ist, den er ersetzen soll. Mitten in der Nacht macht sich die ganze Gesellschaft auf den Weg nach Fadinard's Wohnung, er, um die Dame zu befreien, Beauperthuis, um den Ehebruch zu konstatieren, die Hochzeitsgesellschaft, der die Geschichte doch schliesslich zu bunt geworden ist, um die Hochzeitsgeschenke wieder zurückzunehmen. Dieser Umstand führt glücklicherweise die Lösung des Knotens herbei. Fadinard entdeckt unter den Hochzeitsgeschenken einen ganz gleichen Strohhut; er hat natürlich nichts eiligeres zu thun als denselben der Anaïs zukommen zu lassen, die nun ihrem Manne gegenüber die Beleidigte spielt. — Es wird allerdings Fadinard nicht leicht, den Hut Anaïs zu geben, — denn die Hochzeitsgesellschaft ist unterdessen wegen nächtlicher Ruhestörung eingesperrt worden, — schliesslich gelingt es aber doch, und Alles trennt sich im besten Einvernehmen.

[1]) Deshalb würde ich nicht wie Bohtz „Ueber das Komische und die Komödie" Göttingen 1844, das Intriguenlustspiel dem Charakterlustspiel und den Possen zusammen entgegenstellen.

vieillards". Im „Amour médecin", im „Médecin malgré lui" sucht er nur die Satire der Aerzte. Auch Schlegel meint S. 116 l. c., obgleich er sonst der Posse durchaus gerecht wird, dass Scapin und Pourceaugnac u. a. genügsam beweisen, dass Molière mit dem Fortgang der Jahre nicht an künstlerischer Reife zunahm. Dass Mahrenholtz die Posse für eine Verirrung des Geistes ansieht, haben wir oben bereits gesehn.

Andere Aesthetiker dagegen haben in der Komödie das Satirische zu wenig hervorgehoben. So Vischer in seiner Aesthetik III, S. 1433. Während er, wie wir, das Hauptmoment des Intriguenlustspiels in der Kreuzung der List mit den frappanten Schlägen des Zufalls ansieht, sagt er vom Charakterlustspiel: Das Wesentliche, welches die tiefere Seite der Komik ergreife, sei „das Zwielicht im Geiste, die wunderbaren Verschiebungen und Reflexe des Vernünftigen und der Grille, des festen klaren Wollens und der Schwäche, des dunkeln Triebes, der Selbsterkenntnis und der Blindheit, des Sinnes im Wahnsinn, des Wahnsinns im Sinne, alle die irrationellen Brüche im originellen Menschen und die Widersprüche des Humors; da liegt ohne Frage eine tiefere Komik als in dem mathematischen Witze der Kreuzungen von Witz und Zufall". In seiner Darstellung des Charakterlustspiels hebt Bohtz (Ueber das Komische und die Komödie, Göttingen 1844) das Satirische nicht hervor. Er sagt höchstens, das Charakterlustspiel beabsichtige unmittelbar bei dem Erscheinen der Individuen selbst auch den Anblick des Lächerlichen zu geben. Das Wesentliche ist ihm aber, dass sich dem Dichter Gelegenheit darbiete, interessante, seltsam frappante Züge der Charaktere, die der gewöhnlichen Beobachtung verdeckt bleiben, in einem hellen Mittelpunkte, der allen entgegenleuchte, zu konzentrieren; die Porträtmalerei hebt er meistens hervor, welche eine Feinheit und Schlauheit der Beobachtung voraussetze, welche auch das im Innern des Menschen Verborgene ungemein glücklich auffinde, und andern sichtbar zu machen wisse. Dass dies alles einen besonderen Zweck habe, und nicht etwa Selbstzweck sei, findet Bohtz nicht heraus. Nur eine einzige Stelle zeigt, dass er das satirische Element nicht ganz übersehn hat. Es ist dies aus einer Bemerkung über den Misanthrope ersichtlich. In diesem Stück, meint er S. 252, walte das satirisch-didaktische Element vor. Sonst meint er, an anderer Stelle, habe Molière die Kunst verstanden, das Interesse des eigentlichen Bühnenspiels und das didaktische Element miteinander auszugleichen (S. 249). — Humbert in seinem Buche „Molière, Shakespeare und die deutsche Kritik, Leipzig 1869" ist auf die berührten Fragen näher eingegangen, als die eben Erwähnten. Aber das Wesentliche im Charakterlustspiel scheint ihm nicht das satirische Element zu sein. Wir sehen es aus seinen Bemerkungen über die einzelnen Stücke. Komisch wird der Geizhals, sagt er, dadurch, dass seine eigenen einander widerstreitenden Tendenzen oder die seinigen und die seiner Umgebung sich gegenseitig vernichten. Was er als Komik der „Gelehrten Frauen" ansieht, mutet uns noch seltsamer an. „Die Komik der Gelehrten Frauen", sagt er, „rührt von der Sprache her und dem Mangel an Bildung, die wir bei dem Ehemann und der Magd antreffen, aus dem Zwiste zweier Gelehrten und aus der Charakterschwäche des Ehemannes, der seiner Frau gern entgegentreten möchte." Die Ansicht, dass das „Feine" dem Charakterlustspiel, das „Rohe" der Posse gehöre, scheint auch bei ihm ihr Wesen zu treiben. In den Femmes savantes, bemerkt er S. 59, kommen einige Charaktere vor, die eher in die Posse als in die feinere Charakterkomödie zu gehören scheinen, nämlich die alte Jungfer Bélise und der Gemahl der Philaminte.[1]) Freilich scheint aus andern Stellen hervorzugehen, dass er das satirische Element bei Molière nicht übersieht; so sagt er, dass der Inhalt des Tartuffe und des Geizhalses die schärfste, schonungsloseste Satire des Geizes und der Heuchelei sei. Aber er hält nicht dieses Element für das Wesentliche. Er meint, es träte diese Satire, selbst da, wo es sich um widerliche moralische Fehler handle, wie im Geizhals und im Tartuffe, niemals in der Form als solche hervor. Im Gegenteil, fügt er hinzu, der komische Eindruck lässt in dem Gemüt des Lesers oder Zuschauers den satirischen nicht aufkommen. Wir sehen also, er setzt das Komische dem Satirischen entgegen.[2]) Es sind dies nach ihm

---

[1]) Ganz ähnlich Mahrenholtz l. c. S. 269 „Die äussere Form der Dichtung ist halb die der haute comédie eigentümliche, halb eine an die volkstümliche Posse erinnernde". Neben Scenen, die ganz im Stil der edleren Komödie gehalten sind, finden sich possenhafte Effektformen, wie die zwischen Philaminte und der Magd, die Zankscenen der Gelehrten, das Benehmen des Trissotin der Henriette gegenüber u. s. w.

[2]) Auch Schlegel scheint Satire und Komik als unvereinbar zu halten (vgl. S. 121 l. c.). In M.'s prosaischen Stücken findet er Andeutungen von

Gegensätze, wie sie schärfer nicht gedacht werden können. „Das Komische", sagt er an anderer Stelle, „erregt Wohlgefallen, unter des Künstlers Hand muss selbst das scheusslichste Ungeheuer, wenn es sonst künstlerisch wirken soll, durch die Art der Darstellung dazu beitragen, Wohlgefallen zu erregen. Der Komiker solle den widerlichen Eindruck, den er schon in Wirklichkeit mache, nicht verstärken, sondern verwischen; er müsse die Hässlichkeit des Gegenstandes noch mehr hervortreten lassen, als in der Wirklichkeit zu geschehen pflege, und trotzdem dürfe dasselbe uns nicht unangenehm berühren." Nach meiner Ansicht konstruieren hier Humbert und alle andern mit ihm Gegensätze, die nicht vorhanden sind. Und sie thun dies, weil sie sich über das Wesen der Satire nicht klar sind. Freilich, wenn man im gewöhnlichen Leben Komisches und Satirisches nebeneinander stellt, haben wir den Eindruck, dass das erste nur Wohlgefallen, das zweite Widerwillen erregt, resp. verletzt. Und wenn wir das Komische, das wir vorhin im Chapeau de paille d'Italie oder im Médecin malgré lui, oder im Monsieur de Pourceaugnac betrachteten, auf sein Wesen untersuchten, so fanden wir, dass es keine Spur von Satirischem enthielt, und dass es lauter Wohlgefallen erregte. Aber ist denn das das einzige Komische? Tritt uns dasselbe Komische entgegen in Harpagon, der, wie Maitre Jacques von ihm erzählt, um zu sparen, seinen Pferden nachts den Hafer wegstiehlt oder die Katze seines Nachbars verklagt, weil sie ihm den Rest einer Hammelkeule entwendet habe, oder in der Bélise, welche den Notar auffordert, er möchte doch in seinem Kontrakt die Summen in Minen und Talenten, die Daten in Iden und Kalenden aufschreiben, weil es nur so für gelehrte Frauen schicklich sei, oder haben wir dasselbe Komische in jenem Arzte des „Amour médecin", welcher das grosse Wort gelassen ausspricht, es sei besser für einen Kranken nach Hippokrates' Regeln zu sterben als gegen dieselben zu genesen, oder in jenem Pedanten der „Jalousie du Barbouillé", der, wenn man ihn um Rat frägt, jedes Wort, das er hört, zuerst nach seiner Etymologie untersucht? Das ist alles komisch, aber doch verschieden von dem vorhin untersuchten Komischen. Der Unter-

---

jener didaktischen und satirischen Ader, die der komischen Gattung eigentlich fremd sind, z. B. in seinen beständigen Angriffen auf die Aerzte und Advokaten (?), in den Erörterungen über den wahren Weltton u. s. w. womit er wirklich rügen, widerlegen, belehren und nicht bloss belustigen will.

schied besteht aber nicht etwa in der grösseren Feinheit oder
Roheit, wie so vielfach behauptet wird. Mit Absicht haben wir
gerade ziemlich derbe Beispiele angeführt. Der Unterschied liegt
darin, dass wir in diesem Komischen im Gegensatz zum andern
ein satirisches Element haben. Machen wir uns das im einzelnen
klar, und nehmen wir zunächst ein Beispiel, das den vorhin für
das Possenhafte besprochenen an Derbheit nahe kommt. Worin
liegt das Komische in dem Geizhals, von dem erzählt wird, dass
er die Katze seines Nachbars verklagt, weil sie ihm den Rest
einer Hammelkeule raubt? Welche sind die Lust- und Unlust-
gefühle, die bei einem solchen Beispiele durch ihren Zusammenstoss Lachen erregen? Im ersten Moment denken wir wie vorhin,
beim Harlekin oder Sganarelle: das, was uns hier erzählt wird,
ist höchst unwahrscheinlich, ja sogar so unwahrscheinlich, dass
es uns thöricht vorkommt. Wie kann man uns zumuten, zu
glauben, dass ein Geizhals so geizig ist, dass er sogar seines
Nachbars Katze wegen Diebstahls verklagt? Die Vorstellung
eines solchen Geizigen kann sich zu den in unserm Bewusstsein
vorhandenen Vorstellungen von Geizigen nicht leicht assimilieren,
sie findet nichts Verwandtes in unserm Bewusstsein, sie bleibt
isoliert und erweckt deshalb ein Unlustgefühl. Aber dieses tritt
sofort mit einem Lustgefühl in Konflikt. Wir wissen, maitre
Jacques ist ein witziger Kerl. Er hat sich über den Geiz seines
Herren geärgert; er will ihm eins versetzen, er will ihm zeigen,
wie sein Benehmen von allen Leuten, nicht bloss von ihm be-
urteilt wird. Und er erdenkt sich diese übertriebene Schilderung,
die kein Mensch wirklich für ernst nehmen wird. Wie bei den
andern Beispielen, werden wir uns zunächst freuen über den
famosen Einfall, den er da gehabt hat. Er ist pikant und geist-
reich ausgeführt. Wir bewundern den Witz des Mannes, der es
versteht, in so reichem Masse auch den Empfindungen, die wir
haben, Ausdruck zu verleihen. Aber bei dieser harmlosen Freude
über die so gelungene Darstellung dessen, was auch wir fühlen,
bleiben wir nicht stehen. Unser Lustgefühl schöpft aus anderer
Quelle kräftigere Nahrung. Es entschlüpfte uns schon vorhin.
Maître Jacques will dem Geizhals eins versetzen. Er will ihn
verspotten, und er thut es glänzend, indem er seinen Spott in
das Gewand einer tollen Karikatur kleidet. Diese Verspottung
thut uns, die wir uns über das Betragen des Geizhalses geärgert
haben, sehr wohl, denn diese Karikatur assimiliert sich sofort

zu den in unserm Bewusstsein schlummernden Vorstellungen des rechten Umgehens mit Geld und Besitz, welche die Bestrafung des Geizes verlangen. Zu der oben beschriebenen harmlosen Freude tritt also noch die Freude über die glänzende Abfuhr hinzu, die dem nach unserm Empfinden Nichtseinsollenden erteilt wird. Dieses doppelte Lustgefühl ist natürlich viel stärker als das nur aus dem ans Unmögliche streifende „Unwahrscheinliche" entstandene Unlustgefühl. Aus dem plötzlichen Zusammenprallen beider entsteht ein lustiges, aber auch zugleich spöttisches Lachen. Dieses spöttische Element, welches sich hier der Karikatur bedient, ist aber anders ausgedrückt satirisch. Denn worin besteht die Satire, wenn nicht in dem Spott über etwas nach der Meinung des Satirisierenden Nichtseinsollenden? Der Begriff Satire hat allerdings nach dem Empfinden mancher etwas Scharfes und Verletzendes, und Humbert scheint zu denen zu gehören, welche die Satire nur als etwas Gehässiges ansehen. Sagt er doch folgendes: „Die Satire macht die Aerzte gehässig, Molière hingegen macht sie zu Gegenständen des Wohlgefallens, hüllt sogar den Gedanken, dass sie morden, in ein komisches Gewand, so im Médecin malgré lui III, 1, 2, woraus wir nur citieren: '*Il y a parmi les morts une honnêteté, une discrétion la plus grande du monde; jamais on n'en voit se plaindre du médecin qui l'a tué ... Il est vrai que les morts sont fort honnêtes gens sur cette matière*'. Ist das der Ton der Satire, oder nicht vielleicht Ernst im Hintergrunde, verhüllt durch komische Form?" Ich muss gestehen, dass ich diese Auffassung nicht teile. Und ich glaube nicht, dass sie berechtigt ist. Horaz gilt doch auch als Satiriker, Régnier und Rabelais sind es gewiss, und doch hüllen sie ihre Satiren in das, was Humbert ein „komisches Gewand" nennt. Die Satire kann eben die grösste Mannigfaltigkeit zur Schau tragen. Sie kann herb, bitter, grob, ätzend scharf sein, sie kann aber auch liebenswürdig, heiter, witzig, ironisch, sogar wohlwollend sein. Ihre Aufgabe besteht darin, auf den Widerspruch der Wirklichkeit mit dem Ideal durch Spott oder Hohn in der einen oder andern Art hinzuweisen, und so auf deren Besserung und Veredelung einzuwirken. Dasjenige Komische, welches sich, wie das oben erwähnte, der Satire bedient, um Lachen zu erregen, will verspotten, um zu bessern. Das ist der Grundunterschied zwischen diesem Komischen und dem andern. Wir würden also dem Naiv-Komischen das Satirisch-Komische entgegensetzen. Wenn das erstere in der Posse und im Intriguenlustspiel das Massgebende ist, so ist dieses im sogenannten Charakter- und Sittenlustspiel das Ausschlaggebende. Da die Satire es aber durch Spott auf Veredelung und Verbesserung absieht, so thut es auch dieses Komische. Es steckt in demselben ein ethisches Motiv, das dem andern Komischen vollständig abgeht. Wenn beide in ästhetischer Hinsicht völlig gleich stehen, so steht doch dieses in ethischer Beziehung hoch über dem andern. Und daher kommt es, dass es auch im allgemeinen als feiner gepriesen und als besser höher geachtet wird. Hat es doch einen ungleich edleren Zweck als das andere, das eben nur unterhalten will. Deshalb kann es auch bildenden Wert besitzen. Das „*castigare ridendo mores*" ist die Devise dieses Komischen. Das Satirisch-Komische ist das Sittlich-Komische, und nur aus ethischen Gründen, niemals aus ästhetischen — man kann es nicht stark genug betonen, denn es wird stets übersehn — steht dieses Komische höher als das andere.[1])

Dieses Komische kann aber, wie wir schon hervorgehoben haben, auf sehr verschiedene Weise seinen Zweck erreichen. Es ist dies der Fall je nachdem der Spott stark oder schwach auftritt. In den vorhin erwähnten Beispielen hatten wir absichtlich ausserordentlich krasse Fälle angeführt, um den Unterschied zwischen dem Naiv- und Satirisch-Komischen besonders scharf hervorzuheben. Jedesmal, wenn, wie hier, das Unlustgefühl einer an die tollste Unmöglichkeit streifenden oder dieselbe erreichenden Vorstellung entspringt, haben wir es mit Grotesk-Satirischem zu thun.[2]) Ein Geizhals, welcher die Katze seines Nachbars wegen Diebstahls verklagt, oder ein Arzt, der den eben erwähnten Ausspruch thut, sind groteske Ausgeburten. In der Wirklichkeit können sie nicht existieren (es müsste denn sein, dass sie verrückt wären; dann würden sie aber Mitleid erregen). Solche Gestalten können den von Rabelais erfundenen an die Seite gestellt werden; sie sind würdige Kollegen eines Bridoie, der die

---

[1]) Dass neben diesem Satirisch-Komischen, in welchem der Spott sittlich berechtigt ist, ein anderes Komische existiert, welches den Spott unberechtigt benutzt und nur der gemeinen Freude am Fall des Erhabenen entspringt, braucht hier nicht hervorgehoben zu werden. Es ist das Burlesk-Komische, das sehr oft in Travestie oder Parodie seinen Ausdruck findet (vgl. meine Geschichte der grotesken Satire, Einleitung).

[2]) Vgl. Geschichte der grotesken Satire, Einleitung.

Prozesse nach dem Loos entscheidet, des Bischofs der Papimaneninsel, der die Dekretalien über alles erlaubte Mass anbetet, und aller jener Scholastiker, deren in ihrer Subtilität haarsträubende Werke der besondere Schmuck der Bibliothek von St. Victor sind. Ob in Molière's Komödie dieses Grotesk-Satirische eine Rolle spielt, werden wir nachher zu untersuchen haben. Hier möchte ich nur darauf hinweisen, dass es in der Komödie der Italiener einen ziemlich grossen Platz einnahm. Die Pedanten in der Komödie des 16. Jahrhunderts, bei Francesco Belo, Pietro Aretino, Giordano Bruno u. s. w., welche ihr Italienisch latinisieren und in der lingua pedantesca sich ausdrücken (vgl. Geschichte der grotesken Satire S. 432 ff.) und die zu stehenden Typen gewordenen Dottori der *commedia dell'arte*, ebenso wie die zahlreichen bramarbasierenden Kapitäne (wir finden sie auch bei Scarron unter dem Namen Matamore und in der deutschen Litteratur bei Gryphius als Horribilicribrifax und Daridatumdarides, vgl. l. c. S. 463 ff.) sind alle groteske Schöpfungen. Im grossen und ganzen treten jedoch in der Komödie groteske Gestalten nicht zu häufig auf, schon aus dem einfachen Grunde, weil Unmöglichkeiten sinnlich nicht oder nur sehr schwer darstellbar sind. Die Phantasie des grotesken Satirikers darf sich nicht an die Schranken der Bretter stossen, sie muss ins Unbegrenzte schweifen, um Geniales leisten zu können.[1])

Das satirische Element in der Komödie beschränkt sich demgemäss gewöhnlich auf weniger stark gepfefferte Darstellungen. Der Geizhals bei Molière erscheint nicht auf der Bühne, wie in der Erzählung des Maitre Jacques; Menschen wie Tartuffe begegnen wir häufig im Leben; die gezierten Frauen und ihr Anbeter Mascarille, Trissotin und Vadius, die zimperlichen Marquis in ihren reichbebänderten Kleidern, alle jene bekannten Gestalten des unsterblichen Dichters sind keine Karikaturen, sondern Porträts, die z. T. noch heute — mutatis mutandis — erkennbar sind, zu Molière's Zeit aber gewiss frappante Aehnlichkeit hatten. Soll man aber deshalb, weil in diesen Bildern die Farben nicht stark aufgetragen sind, sich vorstellen, dass Molière nur hat schildern, und nicht hat satirisieren wollen? Humbert scheint dieser Ansicht zu sein: „Wir wüssten keine einzige Molière'sche

---

[1]) So wären bei weitem nicht alle grotesken Satiren Rabelais' auf der Bühne möglich.

Komödie zu nennen", sagt er S. 343, „die bei der Lektüre oder der Aufführung im grossen und ganzen einen vorwiegend satirischen Eindruck machte. — Der komische Eindruck", sagt er etwas weiter, „lässt im Gemüt des Lesers oder Zuschauers den satirischen nicht aufkommen." — Selbst wenn wir davon absehen, dass Humbert auch hier satirisch viel zu eng auffasst, können wir eine solche Ansicht nicht teilen oder nur mit grossem Vorbehalt.

Dass mit der Litteratur ganz unbekannte Zuschauer oder Leser bei den Précieuses ridicules, oder der Darstellung der Marquis oder Aerzte bei Molière die Satire nicht in vollem Masse herausfinden werden, versteht sich von selbst. Die Satire macht nie Eindruck, wenn sie sich auf Verhältnisse oder Dinge bezieht, die man nicht kennt oder nicht versteht. Aber bei der Darstellung des Tartuffe oder Avare, beide Vertreter von Lastern, die auch jetzt noch existieren, müsste einer mit Blindheit geschlagen sein, wenn er nicht merkte, worauf es dem Dichter hauptsächlich ankommt, die Satire dieser Laster.

Ausserdem muss man sich, wenn man das Wesen des Komischen bei Molière und dessen Bedeutung richtig beurteilen will, in die Zeit des Dichters zurückversetzen. Was machten damals seine Stücke für Eindruck? Die Verfolgungen, denen er seit dem Erscheinen der Ecole des femmes von seiten der Marquis und Frömmler ausgesetzt war, sind eine beredte und überzeugende Antwort. Nie wären Schriften wie Boursault's Portrait du prince, Donneau de Visés' Zélinde ou la véritable critique de l'École des femmes, Montfleury's Impromptu de l'Hôtel de Condé, die Vengeance des marquis, des Boulanger de Chalussay's Elomire hypocondre[1]) entstanden, wenn man nicht zu seiner Zeit das Gefühl gehabt hätte, dass er die betreffenden Stände oder Verhältnisse satirisierte. Nie hätten es seine Feinde sonst gewagt, sein Privatleben anzutasten, indem sie jene gemeine Verdächtigung über sein Verhältnis zu Armande Béjart, resp. Madeleine erfanden, um den König gegen ihn einzunehmen. Auch die Frömmler, der Präsident Lamoignon und der Erzbischof von Paris an der Spitze, hätten nicht daran gedacht die Aufführung Tartuffe's zu verbinden, der Herr von Rochemond hätte es sich erspart, Molière als den leibhaftigen Teufel hinzustellen, er hätte es nicht für nötig gehalten, ihn als

---

[1]) Vgl. Mahrenholtz l. c. S. 372 alle betreffenden Pamphlete.

Verbrecher an der göttlichen Majestät Ludwigs XIV zu brandmarken oder als den indirekten Urheber aller Seuchen, Pest und Hungersnot an den Pranger zu stellen.[1]) Solche leidenschaftliche Angriffe hatten ihren guten Grund.

Und wen dieselben noch nicht überzeugten, dem könnten des Dichters eigene Worte den Beweis erbringen. In der Critique de l'Ecole des femmes lässt der Komiker selbst diejenigen auftreten, welche in seinen Werken wirkliche Satiren erblickten. Wenn Célimène von den *„satires désobligeantes"* spricht, *„qu'on y voit contre les femmes"*, antwortet Uranie, indem sie nur in sofern dieses Urteil mildert, als sie sagt *„ces sortes de satires tombent directement sur les moeurs et ne frappent les personnes que par réflexion"*. Und Dorante, der Verteidiger der Ecole des femmes, der in der Critique gewiss die Ansichten Molière's selbst ausspricht, nennt sogar satirisch eine Scene, die wir nicht einmal als solche vermutet hätten: *„Et quant au transport amoureux du cinquième acte qu'on accuse d'être trop outré et trop comique, je voudrais bien savoir si ce n'est pas faire la satire des amants ..."* (Sc. VII). Dass es Molière hauptsächlich darauf ankommt, das Lächerliche an den Personen darzustellen, die er auf die Bühne bringt, sehen wir noch aus der Stelle in Sc. VII, wo Dorante behauptet, es sei leichter eine Tragödie zu schreiben als *„d'entrer comme il faut dans le ridicule des hommes et de rendre agréablement sur le théâtre les défauts de tout le monde"*. — Und im Impromptu de Versailles kommt an mehreren Stellen Molière noch einmal auf das Satirische in seinen Stücken zu sprechen. Er sagt in Sc. III in Bezug auf sich selber: *Par la sambleu! Le railleur sera raillé ..."* Und Mme. du Parc erwidert: *Cela lui apprendra à vouloir satiriser tout. Comment cet impertinent ne veut pas que les femmes aient de l'esprit? Il condamne toutes nos expressions élevées et prétend que nous parlions toujours terre à terre.* Und Mme. de Brie: *Le langage n'est rien, mais il censure tous nos attachements, quelques innocents qu'ils puissent être, et, de la façon qu'il en parle, c'est être criminelle que d'avoir du mérite ..."* Etwas weiter Mme. Béjart: *Il satirise même les femmes de bien, et ce méchant plaisant leur donne le titre d'honnêtes diablesses"*. Endlich M[elle.] Molière: *Je vous laisse à penser si tous ceux qui se croient satirisés par Molière ne*

---

[1]) Ueber de Rochemond vgl. Moland III, S. 475 ff.

prendront pas l'occasion de se venger de lui!!" — Nach alledem erscheint es mir ganz unzweifelhaft, dass Molière in seinen Stücken grosses Gewicht auf das satirische Element legte. Dieses Element ist das unterscheidende Merkmal dieses Komischen. Das Lachen bei der Anschauung dieses Komischen ist infolgedessen auch ein anderes wie beim Naivkomischen. Es verfolgt die ganze Skala vom lauten, jovialen und zugleich höhnischen Lachen des Grotesken bis zum feinsten spöttischen Lächeln der s. g. *haute comédie*. Aber Spott ist immer das Massgebende dabei. Bei der Darstellung von Gestalten wie Tartuffe oder der marquis u. s. w., die nicht karikiert sind, entspringt das Unlustgefühl nicht mehr der tollen Unwahrscheinlichkeit oder Unmöglichkeit des angeschauten Bildes, sondern nur dem Unbehagen, das man empfindet, Personen dargestellt zu sehen, deren Laster und Thorheiten dem Ideal, das in einem schlummert, zuwiderlaufen. Das Unlustgefühl entspringt also ethischer Quelle. Das Lustgefühl dagegen schöpft seine Kraft erstens wiederum aus der Bewunderung für den Witz und die gelungene Darstellung des Dichters, der es versteht solche Thorheiten in ein besonders helles Licht zu rücken oder in eine Umgebung, welche dieselben scharf hervorhebt. Es ist die Freude über das Wiedererkennen des Bekannten, dieselbe Freude, die wir etwa bei der Darstellung des uns täglich Begegnenden durch den Kynematographen empfinden, welcher das Leben darstellt, wie es ist. Es kommt aber zugleich noch das andere bereits oben mitgeteilte Lustgefühl hinzu. Ein Lustgefühl, welches seine Quelle in der Verspottung des dargestellten Gegenstandes sieht; denn warum hat uns der Dichter diese Thorheiten in so vortrefflicher Beleuchtung gezeigt? Doch nicht bloss, um uns damit bekannt zu machen — wir sehen sie ja schon — sondern um sie ad absurdum zu führen. Er bringt seine Personen in Situationen, in welchen sie genötigt sind, ihre wahre Natur besonders glänzend zu offenbaren, so Tartuffe in der Scene mit Elmire, in welcher er, der fromme Heilige, die gemeine sinnliche Natur, die ihm eigen ist, offenbart, wenn er sich gesichert glaubt, oder M. Jourdain, der sich durch die thörichtste Anbetung des Adels verleiten lässt, sein Hab und Gut in die Hände des vornehmen Schwindlers Dorante zu spielen, oder die Précieuses ridicules, welche sich durch das Auftreten à la mode des Mascarille bestechen lassen, vor einem Lakaien die ganze Affektiertheit ihrer Sprache und Koketterie ihres

Wesens zu offenbaren, oder in der Ecole des femmes Arnolphe, der sich gebrüstet hat, durch die Art, mit welcher er Agnes vor jeder Bekanntschaft sorglich hütet, sie zur ergebensten Gattin heranzuziehen, und es gerade erleben muss, dass die Unerfahrenheit, in welcher er sie gelassen, seine Erziehungsmethode vereitelt. Man sagt gewöhnlich: In einer Charakterkomödie entwickelt sich die Situation aus den Charakteren. Und das ist für das Auge des Zuschauers, welcher das fertige Produkt vor sich sieht, ganz gewiss richtig. Wenn wir uns aber die Arbeit des Dichters vergegenwärtigen, so erhalten wir ein verschiedenes Bild. Der Dichter lässt die Situationen nicht aus den Charakteren hervorgehen, er sucht nach Situationen, in denen sich die Charaktere ganz besonders deutlich offenbaren können.[1]) Man hat es Molière häufig zum Vorwurf gemacht *„qu'il prenait son bien où il le trouvait"*. Ihm galt aber das Suchen nach Situationen an und für sich nicht als die originelle Arbeit des Dichters. Er entnahm sie bald diesen, bald jenen. Die wirklich schöpferische Arbeit bestand für ihn darin, den Charakter der Hauptperson so klar und vollständig darzustellen, dass sich Keiner über den Fehler, den er satirisieren wollte, täuschen konnte.

Dem Geschmack und der Richtung seiner Zeit gemäss hat es Molière nicht nötig gehabt, die Farben stark aufzutragen. Einem gebildeten Menschen wird man einen Fehler auf viel leichtere Weise begreiflich machen können, als einem Bauernjungen. Er hatte ein feingebildetes Publikum vor sich, das für das Lächerliche ein scharfes Auge hatte. In naiveren, roheren oder in leidenschaftlich erregten Zeiten kann sich ein Dichter in der Charakterkomödie mit so feiner Charakteristik nicht begnügen. Statt die Charaktere nur in ein helleres Licht zu setzen,

---

[1]) Ich freue mich in dieser Hinsicht mit Vivier übereinzustimmen, den ich sonst manchmal bekämpfen musste. Er sagt l. c. p. 301: Der Zweck Molières *„n'est pas de chercher la conclusion d'un fait, mais le développement d'un caractère, de faire voir comment son original se comporte dans chaque occasion. Pour cela, il a imaginé, non pas un fait unique dont les autres dépendent, mais au contraire une série de faits qui servent à démontrer un caractère unique"* ... Er denkt sich aus *„les circonstances qui peuvent mettre chaque trait en lumière et les actes qui le traduisent. Ainsi Harpagon est avare, que fera l'avare amoureux? l'avare qui veut marier sa fille? l'avare qui traite son monde?"* Oder im *Bourgeois gentilhomme* haben alle auftretenden Personen besonders den Zweck *„de donner à Jourdain l'occasion d'être ridicule d'une façon nouvelle"*.

muss er die Eigentümlichkeiten, auf die es ihm besonders ankommt, karikieren. Dadurch erregt er ein stärkeres Lachen, denn der Zusammenprall zwischen Lust- und Unlustgefühl ist stärker als bei den feineren Komödien, wo im Unlustgefühl das Unwahrscheinliche, im Lustgefühl die Karikatur keine Rolle spielt. Je stärker der Gegensatz zwischen Lust- und Unlustgefühl, desto lauter das Lachen, und je nachdem Lust oder Unlust selbst stärker, ein heiteres, joviales, lustiges oder ein bitteres, sarkastisches Lachen. Die Nüancen sind natürlich unendlich. Bei der Aufführung des Tartuffe oder der Femmes savantes wird man nicht laut auflachen. Man wird eher lächeln. Das Vergnügen wird ein gedämpftes und zugleich im Grunde sittlich ernstes sein. Das ist der Fall in den meisten satirischen Komödien Molière's.¹) — Sollte aber Molière nicht auch manchmal in dieser Gattung die Farben sehr stark auftragen? So stark, dass man an Grotesk-satirisches bei ihm denken könnte? Das ist die Frage, die ich jetzt des Näheren untersuchen möchte. Ich konnte nicht an die Behandlung derselben herantreten, bevor ich meine Auffassung des Komischen bei Molière dargelegt hatte. Dass ich diese groteske Satire natürlich nicht bloss in den eigentlichen satirischen Komödien Molière's, sondern auch in den Possen suchen werde, brauche ich nach dem eben Bemerkten (vgl. Anm. 1) nicht hervorzuheben. Der Dichter arbeitet doch nicht nach einem Schema und nimmt sich nicht vor, einmal eine satirische, einmal eine rein possenhafte Komödie zu schreiben. Es ist die Sache des Aesthetikers je nach dem Vorwiegen des einen oder des andern Elements die Komödie bald dieser und bald jener Gattung zuzuschreiben.

Sowohl Vivier als auch Mahrenholtz haben den Gedanken ausgesprochen, dass im Bourgeois gentilhomme tolle Uebertreibungen vorkommen.²) Und in der That, wenn man bedenkt, dass Mr. Jourdain, um der Ehre würdig zu sein, seine Tochter dem Sohne des Grosstürken zur Frau zu geben, sich zum Mamamouchi machen lässt, hat man einen solchen Eindruck. Denselben erhält man auch, wenn man die Pedanten der Jalousie du Barbouillé, des Dépit amoureux und des Mariage forcé erblickt,

---

¹) Dass in diesen Komödien auch possenhafte Scenen vorkommen, wie in der Posse satirische, versteht sich von selbst.

²) Vivier l. c. p. 227, er geht auf die Frage aber nicht näher ein. Mahrenholtz l. c. p. 252 gebraucht sogar den Ausdruck groteske Uebertreibung.

welche ganz im Stile der italienischen Pedanten in einem fort etymologisieren und in ihrer Eitelkeit vollständig aufgehen. Auch scheinen in zahlreichen Komödien die Aerzte, die in ihrer Verehrung von Hippokrates und Galen so weit gehen, dass sie darüber ihre eigentliche Aufgabe, die Genesung der Kranken, vergessen, Pendants zu Rabelais' Scholastikern zu sein. Sehen wir uns dieselben etwas näher an, und beginnen wir mit den Pedanten.

In der ältesten auf uns gekommenen Komödie Molières, in der *Jalousie du Barbouillé*, lässt der Dichter seinen Helden den Docteur um Rat fragen, wie er sich seiner Frau, die ihm durch ihren leichtfertigen Lebenswandel viel zu schaffen machte, gegenüber verhalten soll. Doch lässt ihn dieser nicht zu Worte kommen. Es sei, so sagt er, ungezogen von ihm, ihn anzureden ohne seinen Hut herunter zu nehmen und ohne *rationem loci, temporis et personae* zu beachten. Er hätte ihn mit den Worten anreden müssen: *Salve vel salvus sis, Doctor, Doctorum conditissime.* Als sich der Barbouillé darauf entschuldigt, und ihm versichert, er halte ihn gewiss für einen *galant homme*, unterbricht ihn der Docteur wiederum, um ihm zu sagen, woher das Wort *galant* komme. „*Sache que le mot galant homme vient d'élégant; prenant le g et l'a de la dernière syllabe, cela fait ga, et puis prenant l, ajoutant un a et les deux dernières lettres cela fait galant, et puis ajoutant homme cela fait galant homme.*" Und darauf belehrt er ihn, dass er nicht bloss einmal docteur sei, sondern zehnmal und beweist diese hochmütige Behauptung mit der seinem Stande in der italienischen Komödie stets eigenen Geschwätzigkeit, durch Argumente wie die folgenden: „*Parceque comme l'unité est la base, le fondement, et le premier de tous les nombres, aussi, moi, je suis le premier de tous les docteurs, le docte des doctes. 2. Parcequ'il y a deux facultés nécessaires pour la parfaite connoissance de toutes choses: le sens et l'entendement, et comme je suis tout sens et tout entendement, je suis deux fois docteur* u. s. w., u. s. w. Nachdem er sich auf diese Weise beinahe totgeredet hat, bietet ihm der Barbouillé, um sich endlich Gehör zu verschaffen, Geld an; aber der Doctor will nichts davon wissen: Er sei keine feile Seele, kein Mensch, der sich ums Geld bekümmere, er werde nie einen Pfennig annehmen, und in echt grotesker Weise überschüttet er ihn mit folgenden, jedem Mass hohnlachenden tollen Uebertreibungen, welche die im grotesken

Stile so beliebte Form der Aufzählung annehmen.¹) „*Sache, mon ami, que quand tu me donnerais une bourse pleine de pistoles, et que cette bourse seroit dans une riche boite, cette boite dans un étui précieux, cet étui dans un coffret admirable, ce coffret dans un cabinet curieux, ce cabinet dans une chambre magnifique, cette chambre dans un appartement agréable, cet appartement dans un château pompeux, ce château dans une citadelle incomparable, cette citadelle dans une ville célèbre, cette ville dans une île fertile, cette île dans une province opulente, cette province dans une monarchie florissante, cette monarchie dans tout le monde; et que tu me donnerais le monde, où seroit cette monarchie florissante, où seroit cette province opulente, où seroit cette île fertile, où seroit cette ville célèbre* u. s. w.²) Auch in der sechsten Scene setzt der Doctor durch ein ähnliches Auftreten unsere Geduld auf eine harte Probe. Einmal etymologisiert er: das Wort *bonnet* leitet er von „*bonum est*" *voilà qui est bon parcequ'il garantit des catarrhes et fluxions*", ein andermal zieht er die Grammatik ins Gespräch hinein, wo sie nichts zu thun hat, „*tu as la mine de suivre fort ton caprice; des parties d'oraison tu n'aimes que la conjonction; des genres le masculin, des déclinaisons le génitif, de la syntaxe mobile cum fixo, et enfin de la quantité, tu n'aimes que le dactyle, quia constat ex una longa et duabus brevibus*" — oder er schwatzt in einem fort darauf los, nur um zu schwatzen.

Eine ganz ähnliche Rolle spielt Métaphraste im Dépit amoureux. Als ihn Albert in seinem Zweifel um Rat fragen will, lässt er ihn ebenso wenig zu Worte kommen, wie der oben erwähnte Doctor. Er sucht ihm durch lateinische Brocken, die sich grossartig ausnehmen, aber nichts zu bedeuten haben, zu imponieren, oder er etymologisiert, indem er z. B. behauptet, *maitre* komme von *magister*, d. h. dreimal so gross — oder er giebt ihm gutgemeinte Ratschläge über die Art, wie er sich ausdrücken soll.

Im Mariage forcé ist Pancrace ein Pedant ganz gleicher Art. Er geht sogar noch weiter als die Andern; er lässt nicht bloss Sganarelle, der ihn um Rat fragen will, nicht zu Worte kommen, sondern er hört sogar nicht auf ihn, als er ihn anredet,

---

¹) Vgl. Geschichte der grotesken Satire, S. 259 ff., die grotesken Aufzählungen.

²) Es wird nun alles wieder in umgekehrter Reihenfolge aufgezählt.

er ist so eifrig in einem Disput mit einem Menschen im Nachbarhause begriffen, dass er Sganarelle nicht einmal bemerkt, als er auf die Strasse kommt, und jenen Nachbar mit den ärgsten Beschimpfungen ob seiner Unwissenheit zu überschütten fortfährt, und immer wieder damit anfängt, während Sganarelle mit ihm spricht. Auch hier sind es Quisquilien der schlimmsten Art, die ihn beschäftigen. Er ärgert sich darüber, dass der Betreffende „*la forme d'un chapeau*" gesagt hat, statt „*la figure d'un chapeau, d'autant qu'il y a cette différence entre la forme et la figure que la forme est la disposition extérieure des corps qui sont animés, et la figure la disposition extérieure des corps qui sont inanimés*". Und auch hier renommiert der Pedant wieder mit seiner kleinlichen Gelehrsamkeit. Er kann es gar nicht begreifen, dass Sganarelle ihn französisch und nicht in einer andern Sprache anredet; es will ihm nicht in den Kopf hinein, dass er nicht über eine philosophische Frage seinen Rat hören will, und schliesslich ergeht er sich auch in einer jener beliebten Aufzählungen, wie wir sie oben bereits vorfanden. Hören wir nur, was er sich alles rühmt, zu gleicher Zeit zu sein: „*Homme de lettres, homme d'érudition, homme de suffisance, homme de capacité, homme consommé dans toutes les sciences naturelles, morales et politiques, homme savant, savantissime, per omnes modos et casus, homme qui possède superlative fables mythologiques et histoire, grammaire, poésie, rhétorique, dialectique et sophistique, mathématique, arithmétique, optique, onirocritique, physique et mathématique, cosmométrie, géométrie, architecture, spéculoire et spéculatoire, médecine, astronomie, astrologie, physionomie, mitoscopie, chiromancie, giomancie.*"

Diese Molièreschen Pedanten sind einfach die Nachkommen derjenigen der italienischen Komödie. Sie tragen alle Merkmale des Grotesken an sich. Ihre Schwatzhaftigkeit, Eitelkeit, Kleinigkeitskrämerei, Streitsucht, ihre bis ins Absurde gehende Vorliebe für die lateinische Sprache und Etymologisierungssucht wird in einer Weise übertrieben, welche sich sogar im Stile geltend macht. Eine andere Frage ist freilich die, ob Molière durch die Darstellung solcher Pedanten in ähnlicher Weise wie Rabelais seiner Zeit oder die italienischen Komiker des 16. Jahrhunderts die Gelehrten grotesk hat satirisieren wollen, in andern Worten, ob wir eine bewusste groteske Satire hier vor uns haben. — Ich bin nicht dieser Ansicht. Molière hatte nicht den geringsten Anlass dazu; denn die Gelehrsamkeit machte sich zu seiner Zeit nicht mehr so breit wie im 16. Jahrhundert. Molière hat die Pedanten, die in seinen ersten Stücken und in dem leicht hingeworfenen Mariage forcé eine Rolle spielen, einfach der italienischen Komödie entnommen. Der Doctor war mit der Zeit zu einem stehenden Typus geworden, der in jeder Komödie auftrat. Molière war seiner Wirkung sicher, wenn er den Doctor auf die Bühne brachte. So ist die Einführung solcher Pedanten in sein Theater, wie ich glaube, nicht einer bewussten grotesken Satirisierung zu verdanken, sie ist einfach einer jener bequemen Bühnenkniffe, deren ein routinierter Schauspieler und Theaterdirektor wie er, mehrere zur Verfügung hatte. — Wenn Molière die Pedanten seiner Zeit satirisieren will, so trägt er nicht so stark auf. Sehen wir uns nur den Maitre de philosophie im Bourgeois gentilhomme an. Auch er ist von sich eingenommen und prunkt mit seiner Gelehrsamkeit, aber es werden diese Eigenschaften durchaus nicht übertrieben dargestellt. Das Etymologisieren kommt gar nicht vor; nur an einer Stelle citiert der Gelehrte ein lateinisches Sprichwort, das aber an dieser Stelle nicht unangebracht ist; seine Sprache ist zwar pedantisch, so namentlich wenn Mr. Jourdain ihn frägt: *Qui sont-elles ces trois opérations de l'esprit?* und er antwortet: *la première, la seconde et la troisième, la première est de bien concevoir par le moyen des universaux* ... u. s. w. und da, wo er zu der bekannten Formel „*Barbara Celarent Darii Furio Baralipton*" seine Zuflucht nimmt, oder geradezu erklärt, er wolle „*traiter cette matière en philosophe*". Er lässt sich auch leicht vom Zorne hinreissen und spart in seinem Streite mit den Lehrern des Mr. Jourdain die Schimpfwörter nicht. Welch' ein grosser Unterschied aber zwischen diesen Scenen und den vorhin besprochenen besteht, springt sofort in die Augen. Noch feiner gezeichnet ist Vadius in den Femmes savantes. Seine Eitelkeit und Reizbarkeit überschreiten niemals die Grenze des im gewöhnlichen Leben Möglichen und Wahrscheinlichen. Auch Mr. Bobinet in der Comtesse d'Escarbagnas, welcher der Gesellschaft „*le bon vêpre*" statt „*le bonsoir*" wünscht, weist keine grotesk übertriebenen Züge auf. Solche Gestalten können wir echt Molièresche nennen. Auf diese Weise satirisiert Molière, wenn er sich von der Beeinflussung seiner Vorbilder frei macht und ganz auf eigenen Füssen steht.

Wir erwähnten vorhin den Maître de philosophie des Bourgeois gentilhomme und stellten fest, dass er nicht grotesk ist. Ist es aber nicht vielleicht Mr. Jourdain selbst? Dieser biedere Pariser Bürger, welcher eine so kindische Verehrung für alles hat, was adlig ist oder nach Adel aussieht, thut die sonderbarsten Dinge, um dem Ideal, das ihm vorschwebt, nachzukommen. Er lässt sich nicht bloss standesgemäss kleiden, er nimmt nicht bloss in seinen alten Tagen Sing-, Tanz- und Fechtstunden, er hält sich nicht bloss einen Lehrer der Philosophie und lädt schöne Marquisen zum Souper ein, denen er die korrektesten Reverenzen macht und die galantesten Komplimente verabreicht, er hat sogar den tollen Gedanken, seine Tochter mit dem Sohne des Grosstürken zu verheiraten. Dieser letzte Einfall und die Ausführung desselben machen gewiss einen grotesken Eindruck. Dass die Eingenommenheit für den Adel beim guten Mr. Jourdain so weit geht, dass er auf die Erzählung von Covielle hereinfällt, der Sohn des Grosstürken, der zufällig durch Paris komme, sei in seine Tochter verliebt, und um seines künftigen Schwiegersohnes würdig zu sein, die tolle Ceremonie seiner Erhebung in den Stand eines Mamamouchi über sich ergehen lässt, das können wir Molière mit dem besten Willen nicht mehr glauben. Das ist groteske Uebertreibung! — Man denke doch, was Mr. Jourdain alles durchmachen muss, um Mamamouchi zu werden! In seiner eigenen Wohnung erscheinen sechs Türken, ein Muphti und Derwische. Erstere tragen einen Teppich und tanzen mit demselben im Zimmer herum, dann gehen sie darunter durch, schliesslich breiten sie ihn auf dem Boden aus, werfen sich dann auf die Knie, rufen Allah und singen. Der Herr Jourdain hat sich die Haare abrasieren und als Türke verkleiden müssen; er muss den Alcoran auf dem Rücken tragen, während der Muphti und seine Begleiter im tollsten Kauderwelsch den grössten Unsinn hersagen. Der Muphti singt „Halaba, balachou, balaba, balada", und die Türken wiederholen es. Darauf bringen sie dem biedern Jourdain einen mit zahlreichen angezündeten Lichtern geschmückten kolossalen Turban her und setzen ihm denselben auf den Kopf; endlich geben sie ihm noch einen Säbel und hauen ihn zum Schluss noch durch. Wenn man sich diese Scene vergegenwärtigt, die an Tollheit alles überbietet, was sonst Molière geschaffen, selbst die Doctorpromotion von Argan, kommt es einem wirklich so vor, als ob sich in seine Komödie eine groteske Satire verirrt hätte, die an Tollheit diejenigen des 16. Jahrhunderts gewiss erreicht. Man kann vom Adel noch so eingenommen sein; wenn man nicht wirklich verrückt ist, wird man sich doch nicht dazu hergeben auf diese Weise Mamamouchi zu werden. Mamamouchi — wie soll überhaupt ein Pariser, bei aller Beschränktheit, auf einen solchen Namen hereinfallen? —

Dies mag der Eindruck sein, den Molière's Komödie auf einen macht, der die Entstehung derselben nicht kennt. Wir werden allerdings anders urteilen müssen. Das Ende des bourgeois gentilhomme — wir glauben uns nicht zu täuschen — haben wir nicht einer bewussten grotesken Satire zu verdanken. Um dem Hofe zu gefallen, welcher gerade damals, nachdem Laurent d'Arvieux nach einer langen Orientreise über die türkischen Gebräuche Vortrag gehalten hatte, an Derartigem grosses Interesse fand, hatte Molière eine türkische Maskerade auf die Bühne bringen müssen. D'Arvieux erzählt in seinen Memoiren,[1]) er habe mit Molière in Auteuil an der Komödie gearbeitet und sei dann mit allen die Kleidung betreffenden Fragen betraut worden. Die Veranlassung der Komödie scheint demnach die türkische Maskerade gewesen zu sein. So sind denn die Türkenscenen nicht organisch aus der übrigen Komödie hervorgegangen. Molière musste vielmehr seine Komödie so einrichten, um die befohlenen Türkenscenen so wenig als möglich unwahrscheinlich erscheinen zu lassen. Ein äusserer Druck hat Molière veranlasst, von der Art der Satire abzuweichen, die sich im ersten Teil der Komödie kundgiebt. Uns erscheinen die Scenen grotesk, aber sie sind nicht der Ausfluss grotesker Satire.

Dies scheint auf den ersten Blick bei denjenigen Komödien eher der Fall zu sein, in denen Molière die Aerzte angreift. Die Eigentümlichkeiten dieses Standes zur Zeit Molière's erscheinen in so verzerrtem Bilde, dass wir nicht an ihre Möglichkeit in der Wirklichkeit glauben können. Das Aeussere, die Kleidung und die Sprache ist für den Molière'schen Arzt die Hauptsache. Kaum hat Don Juan's Diener Sganarelle das Arztkleid angelegt, so ist er schon als Arzt hoch geachtet, und kommen schon die Leute haufenweise zu ihm, um ihn zu befragen (Festin

---

[1]) Mémoires du chevalier d'Arvieux. Tome IV, p. 252/3, 3e édition de 1735. Cf. darüber Molièreausgabe von Despois et Mesnard VIII, 1883, p. 12.

de Pierre III, 1). Eines der ersten Dinge, wonach der Holzhauer Sganarelle sich erkundigt, als er den Arzt zu spielen gezwungen wird, ist die Frage, ob er denn auch seinen Talar bekommen werde (Médecin malgré lui I, 6). Als später Léandre, der sich auch als Arzt verkleiden will, den Sganarelle bittet, ihm ein Paar medizinischer Ausdrücke mitzuteilen, damit er den Eindruck eines geschickten Arztes hervorrufen könne, antwortet ihm Sganarelle: *„Allez, allez, tout cela n'est pas nécessaire, il suffit de l'habit, et je n'en sais pas plus que vous"*. Im Malade Imaginaire wird Argan versichert, dass schon das Umlegen eines Talars aus ihm einen Arzt machen könnte. Das Lateinsprechen, die Kenntnis der Krankheiten und der Heilmittel, sei nicht die Hauptsache, wie Argan anzunehmen scheine. *„En recevant la robe et le bonnet de médecin"*, sagt Béralde, *„vous apprendres tout celà et vous seres après plus habile que vous ne voudres"*. Und als Argan sich darüber wundert, verstärkt ihn Béralde in der Ansicht: *„Oui, l'on n'a qu'à parler avec une robe et un bonnet, tout galimatias devient savant, et toute sottise devient raison"* und die witzige Toinette setzt dieser Ansicht die Krone auf, indem sie hinzufügt: *„Tenez, Monsieur, quand il n'y aurait que votre barbe, c'est déjà beaucoup, et la barbe fait plus de la moitié d'un médecin* (III, 22).

Beinahe ebenso wichtig als das Kleid ist die Sprache. Das wissen diejenigen, die sich bei Molière als Arzt verkleiden, um irgend einen Streich zu vollführen, sehr wohl. Schon im Médecin volant nimmt der als Arzt verkleidete Sganarelle seine Zuflucht zu diesem Mittel, um den Leuten zu imponieren. Er kann allerdings nicht viel, aber *„Salamalec, Signor si, segnor non, per omnia saecula saeculorum"* genügt schon, um den Leuten Sand in die Augen zu streuen (Sc. IV). — Der Sganarelle des Médecin malgré lui kann schon mit grösserer Gelehrsamkeit aufwarten. Mit Begeisterung ruft er aus: *Cabrii cas arci thuram, catalamus, singulariter, nominativo, haec musa, la muse, bonus, bona, bonum* u. s. w. u. s. w. Und voll aufrichtiger Bewunderung ruft Géronte: *Ah que n'ai-je étudié!*

Das Prunken mit gelehrten Ausdrücken ist aber nicht das einzige, was Sganarelle den wirklichen Aerzten abgelauscht hat; er weiss, dass für sie die Hauptsache darin besteht, blindlings den Vorschriften des Hippokrates und Galen zu folgen. Für Molière's Aerzte ist die Regel des Hippokrates ebenso heilig wie die Bibel für die Theologen, und für alles und jegliches nehmen sie zur Theorie derselben ihre Zuflucht. So sagt Sganarelle, um dem Géronte zu imponieren, als er zum erstenmal zu ihm kommt, mit grossartiger Frechheit: Hippokrates sagt, dass wir uns beide bedecken sollen, und von Géronte gefragt, wo sich denn diese Regel fände, antwortet er mit ebenso kecker Stirne: *Dans son chapitre des chapeaux.* Im Amour médecin ist der Arzt Tomès von der Unfehlbarkeit des Hippokrates so überzeugt, dass, als Lisette ihm erzählt, ein von ihm behandelter Kutscher sei gestorben, er diese Thatsache aufs energischste bestreitet, aus dem einfachen Grunde, weil Hippokrates gesagt habe, dass Krankheiten, wie die, an der dieser Kutscher gelitten, erst am 14. oder 21. Tage zu Ende gehen, und er doch erst 6 Tage lang krank sei.[1]

In anderer Formulierung kommt derselbe Gedanke bei Molière mehrfach vor. Als im Monsieur de Pourceaugnac I, 8 ein Bauer sich bei einem Arzte darüber beklagt, dass sein Freund die heftigsten Schmerzen im Kopf erdulde, fährt der Arzt mit der Bemerkung dazwischen, der Kranke sei ein Thor, da in der Krankheit, an welcher er leide, nach Galen ihm nicht der Kopf, sondern die Milz weh thun sollte. — Die Theorie ist immer die Hauptsache. Sogar wenn sie dem eigentlichen Ziele der Arzneikunst zuwiderlaufe, müsse ihr der Vorrang eingeräumt werden. Herr Tomès rühmt sich während der Konsultation im Amour médecin (II, 3), er sei so sehr für Beibehaltung der Form, dass er einmal das ganze Heilverfahren hingehalten habe, nur weil er den Regeln nach vorgehen wollte, und dies, obgleich schleunige Hilfe nötig war, wie ja der — nach ihm nebensächliche — Umstand zeigte, dass die Kranke während dieser Disputationen starb. Das habe aber gar nichts auf sich: „*Un homme mort n'est qu'un homme mort, et ne fait point de conséquence; mais une formalité négligée porte un notable préjudice à tout le corps des médecins*". Auch für den Kranken, meint

---

[1]) Die Worte sind so krass, dass sie citiert werden müssen. *Lisette:* ... il est mort. *Tomès: Mort? Lisette:* Oui. T.: Cela ne se peut pas. L.: Je ne sais pas si cela se peut, mais je sais bien que cela est. T.: Il ne peut pas être mort, vous dis-je. L.: Et moi je vous dis qu'il est mort et enterré. T.: Vous vous trompez. L.: Je l'ai vu. T.: Cela est impossible. Hippocrate dit que ces sortes de maladies ne se terminent qu'au quatorze ou au vingt-un, et il n'y a que six jours qu'il est tombé malade.

sein Kollege Bahis (II, 5), ist es besser, nach den Regeln vorzugehen. Und er versteigt sich zu dem grossartigen Ausspruch: *Il vaut mieux mourir selon les règles que de réchapper contre les règles.* Im Monsieur de Pourceaugnac geht ein Arzt sogar noch weiter. Als der zweite Arzt über die vermeintliche Krankheit des Limusiner Edelmannes, die Hypochondrie, eine lange Rede gehalten hat, die von Gelehrsamkeit strotzt, antwortet ihm sein Kollege, er habe so schön und so gelehrt geredet, dass es unmöglich sei, dass Mr. de Pourceaugnac nicht verrückt und Hypochonder sei *„et quand il ne le seroit pas, il faudroit qu'il le devînt, pour la beauté des choses que vous avez dites, et la justesse du raisonnement que vous avez fait".* Mehr kann man wahrhaftig nicht verlangen. Um der Schönheit einer theoretischen Untersuchung willen krank werden, das ist das nec plus ultra des Triumphs der Theorie. Dass aber die Aerzte solche Ansichten haben, darf uns nicht wundern. Werden doch dieselben, nach Molière, den Doctoranden beim Examen eingeprägt! In der Promotionsscene des *Malade imaginaire* muss der Bachelerius schwören, dass er stets sein wolle *„in omnibus consultationibus ancieni aviso aut bono aut mauvaiso, de non jamais se (te) servire de remediis aucunis quam di ceux seulement doctae facultatis, maladus dût-il crevare et mori de suo malo!"* Der blinde Gehorsam, das ist das Hauptverdienst des Arztes. Deshalb rühmt es Herr Diafoirus an seinem Sohn Thomas (Malade imaginaire II, 6) ausdrücklich, dass er blindlings den Präcepten der älteren Aerzte folge und die sogenannten neuen Entdeckungen niemals habe verstehen wollen. Wenn die Aerzte dann doch wenigstens ihre Schüler etwas lehren könnten! Aus der Promotion im Malade imaginaire sehen wir aber, welches das Resultat ihrer Studien ist. Als der Kandidat auf die Frage der Examinatoren *„quare opium facit dormire"* antwortet *„quia est in eo virtus dormitiva, cujus est natura sensus assoupire"*, geraten die Aerzte alle in Entzücken und rufen aus: *Bene bene bene bene respondere. Dignus, dignus est intrare in nostro docto corpore"*. — Ebenso gefällt ihnen die Antwort des Kandidaten, als er als Heilmittel für Wassersucht, Lungenentzündung, Asthma, Fieber- und Atmungsbeschwerden, mit konstanter Bosheit angiebt: *„Clysterium donare, postea seignare, ensuita purgare"*, und wenn dieses nichts helfe: *„Reseignare, repurgare et reclysterisare"*. Trotz dieser glänzenden, in jeder Hinsicht gleichen Vorbereitung sind die Aerzte doch manchmal nicht gleicher Ansicht. Sie streiten sich im Amour médecin und sagen sich die grössten Grobheiten. Tomés meint, wenn man Géronte's Tochter nicht sofort zur Ader lasse, so werde sie sterben, dagegen behauptet Desfonandrès, wenn man es thäte, würde sie keine Viertelstunde länger leben. Oft suchen sie ihre Uneinigkeit dem Kranken gegenüber zu verhehlen, indem sie die im Grunde verschiedensten Dinge für gleich erklären. Thomas Diafoirus hat bei Argan auf eine Milzkrankheit die Diagnose gestellt. Herr Purgon hat, ohne dass dieser davon etwas wusste, eine Leberkrankheit konstatiert. „Schliesslich kommt es auf dasselbe heraus", meint Herr Diafoirus; *„qui dit parenchyme, dit l'un et l'autre, à cause de l'étroite sympathie qu'ils ont ensemble, par le moyen du vas breve, du pylore, et souvent des méats cholidoques"*. Und als er vermutet, dass ihm wohl sein Arzt Purgon Braten verordne, und Argan im Gegenteil antwortet, Suppenrindfleisch, so wird es ihm nicht schwer, beide Verordnungen mit einander zu vereinen: *„Eh oui, rôti, bouilli, même chose!"* — Das ist schliesslich für solche Aerzte nicht so wichtig. Was in ihren Augen viel wichtiger ist, das ist zu wissen, ob man die Heilmittel in geraden oder ungeraden Dosen verabreichen soll. Im Monsieur de Pourceaugnac rät der Arzt *„de faire les saignées et les purgations en nombre impair, numero Deus impare gaudet"*, und im Malade imaginaire verordnet Herr Diafoirus dem Argan, er solle stets eine gerade Zahl von Salzkörnern in seine Eier legen, dagegen die Heilmittel in ungerader Zahl zu sich nehmen. Nicht jedermann ist aber so gläubig wie der eingebildete Kranke. Die meisten wissen, was man von solchen Heilmitteln erwarten kann. Schon im Médecin volant antwortet Sganarelle seinem Herrn, als derselbe ihn frägt, ob er denn seine Rolle als Arzt gut werde spielen können, er solle sich doch ja keine Sorgen darüber machen, er könne einen ebenso gut zum Sterben bringen als irgend ein anderer Arzt der Stadt. Und im Amour médecin II, 1 weiss Lisette von einem Mann zu erzählen, der beim Tode eines Bekannten niemals sage, er sei an dieser oder jener Krankheit gestorben, sondern an so und so viel Aerzten und Apothekern. Dass eine Katze, die vom Dach heruntergefallen ist, mit dem Leben davon kommt, erklärt sie aus dem Umstand, dass sie eben nicht ärztlich behandelt worden sei, sonst wäre sie gewiss gestorben. Im Don Juan III preist Sganarelle als ein herrliches

Resultat des émétique, dass er sofort zum Tode geführt habe. Wie könnte man sich ein wirksameres Heilmittel wünschen? — Don Juan ist ganz damit einverstanden, dass Sganarelle seine Rezepte ad libitum verschreibe, sie würden die Kranken ebenso leicht gesund machen wie die der Aerzte, die doch nur dem Glück, dem Zufall und den Naturkräften die Erfolge ihrer Heilmittel verdankten.

Wenn aber auch die Aerzte bei allen Leuten für Ignoranten gelten, so sind sie sich doch selbst ihrer Unwissenheit nicht bewusst. Im Gegenteil! Sie halten sich für die gelehrtesten Herren der Welt. Der Bachelerius, dem die hohe Ehre zuteil wird, in eine so gelehrte Körperschaft einzutreten, ist sich dessen, was das bedeutet, bewusst. In den Dankesworten, die er an die Fakultät richtet, erklärt er, es sei ihm unmöglich dieselbe zu loben, denn der Sonne könne man kein Licht, dem Himmel keine Sterne und dem Lenz keine Rosen hinzufügen. Er wisse wohl, dass er ihnen mehr verdanke als der Natur und seinem Vater. *„Natura et pater meus hominem me habent factum, mais vos me, ce qui est bien plus, arctis factum medicum!"* So selbstbewussten Herren sich zu widersetzen, ist ein Verbrechen. Wehe dem, der es versucht! Der Kranke, der in ihre Hände geliefert wird, gehört ihnen an. Der Arzt hat das unumschränkte Recht alles mit ihm zu thun, was ihm beliebt. Schon in der Promotion wird ihm das eingeschärft: Er habe, so sagt ihm der Praeses, *virtutem et puissanciam medicandi, purgandi, seignandi, perçandi, taillandi, coupandi et occidendi impune per totam terram"*. Dieses Recht will der Arzt ordentlich ausnutzen. Wenn er einmal einen Kranken hat, so lässt er ihn nicht mehr los: In Monsieur de Pourceaugnac II, 2 sagt der Arzt dem Oronte, dass der limusiner Edelmann, da er sich nun einmal in seine Kur begeben habe, ihm ganz angehöre, seine Krankheit sei wie ein Möbel, das ihm zu eigen gegeben sei. Und er erklärt ausdrücklich, er werde nicht gestatten, dass er sich verheirate, bevor er zuerst der medicinischen Wissenschaft Genüge gethan und alle Mittel eingenommen, die man ihm verschrieben habe. Und wenn er fliehe, so werde er ihn durch Richterspruch zwingen, sich durch ihn heilen zu lassen! Und finde er ihn nicht, dann werde er sich an ihn, den Oronte halten, und ihn statt des anderen kurieren, denn er brauche einen Kranken und werde ihn nehmen, wo er ihn treffe. — Ebenso tyrannisch wie dieser Arzt ist der gestrenge Herr Purgon im Malade imaginaire III, 6. Als er hört, dass Argan das Klysterium nicht genommen hat, das er ihm verordnet hatte, kennt er sich nicht mehr vor Wut. Es sei dies ein ungeheuerliches Attentat gegen die medicinische Wissenschaft, ruft er aus, ein *crimen laesae facultatis*, das man nicht genügend bestrafen könne. Die Schenkung, die er seinem Neffen, dem Bräutigam von Argan's Tochter, versprochen hatte, vernichtet er aus Wut. Er lässt ihn, den Armen, der sich entschuldigen will, nicht zu Worte kommen, und ohne sich um sein Jammern, womit er ihn zu unterbrechen sucht, zu kümmern, ruft er ihm zu: „*J'ai à vous dire que je vous abandonne à votre mauvaise constitution, à l'intempérie de vos entrailles, à la corruption de votre sang, à l'âcreté de votre bile et à la féculence de vos humeurs ... et je veux qu'avant qu'il soit quatre jours, vous deveniez dans un état incurable, que vous tombiez dans la bradypepsie, de la bradypepsie dans la dyspepsie, de la dyspepsie dans l'apepsie, de l'apepsie dans la lienterie, de la lienterie dans la dyssenterie, de la dyssenterie dans l'hydropisie et de l'hydropisie dans la privation de la vie, où vous aura conduit votre folie*". — So gross ist also die Herrschsucht des Arztes, dass, wenn man seinen Anordnungen nicht folgt, er einem sogar den Tod wünscht. — Dass dies eine groteske Uebertreibung ist, liegt auf der Hand, und wir haben die obige Stelle auch deshalb wörtlich angeführt, um zu zeigen, wie wiederum die groteske Satire die am häufigsten auftretende Eigentümlichkeit des grotesken Stils, die kolossale Aufzählung nach sich zieht. — Wie soll man aber überhaupt die Darstellung der Aerzte bei Molière verstehen? Haben wir es durchweg mit grotesker Satire zu thun? Dass uns Modernen die Aerzte, wie sie bei ihm auftreten, grotesken Eindruck machen, mit ihrem seltsamen Kauderwelsch, ihrer sonderbaren Kleidung, ihrer abgöttischen Verehrung für die Form, ihrer Herrschsucht und Ignoranz, brauche ich nicht ausdrücklich zu sagen. Aber eine andere Frage ist die, ob sie Molière selbst grotesk darstellen, ob er eine groteske Satire derselben schreiben wollte.

Ein Zeitgenosse Molière's, François Bernier sagt in seinen Essais de médecine 1696 (Chapitre sur les ennemis de la médecine) unter anderem — ich citiere nur die Stelle, die uns besonders angeht: „*De toutes les pièces dont ce comédien a outré les caractères ce qui lui est souvent arrivé et qu'on ne voit guère dans l'ancienne comédie, celles où il joue les médecins sont incomparablement plus outrées que les autres"*. Kurz vorher spricht er von der geringen Wahrscheinlichkeit, welche Molière's Bilder der Aerzte aufweisen. — Das spräche für starke Uebertreibung der Satire, wenn dieser François Bernier nicht selber Arzt wäre.[1]) Als solcher schrieb er aber pro domo, ausserdem sagt von ihm Raynaud auch, dass die pekuniären Verhältnisse, in denen er lebte, ihn erbittert hätten.[2]) Auf das Urteil eines erbitterten Parteimannes kann man nicht viel geben.

Bei der Untersuchung der Frage stossen wir aber auf noch viel wichtigere Bedenken als diese. Gerade die Scene, die uns vielleicht jetzt den unwahrscheinlichsten Eindruck macht, die Doctorpromotion im Malade imaginaire, ist, wenn man sieht, wie zu Molière's Zeiten derartige Promotionen vor sich gingen, im Grunde nicht sehr übertrieben. Die Ceremonie ging in Wirklichkeit ähnlich vor sich, wie sie bei Molière dargestellt wird. Die ganze Fakultät führte in corpore unter Musikbegleitung den Kandidaten in den Saal. Nach einigen lateinischen Reden nahm der Präses das Wort, um auf die Rechte und Pflichten des Arztes hinzuweisen. Dann wurde ihm die Doktormütze aufgesetzt, ein Ring an den Finger gesteckt, und ein goldener Gürtel gegeben. Endlich brachte man ihm das Buch des Hippokrates, und indem er die Hand darauf stützte, musste er den Eid leisten. Raynaud hat l. c. S. 53 ff. ganz eingehend die Doktorpromotion, wie sie in Paris vollzogen wurde, mit derjenigen im Malade imaginaire verglichen und die grosse Aehnlichkeit beider nachgewiesen. Die Eröffnungsrede des Präsidenten bei Molière ist eine Lobrede der Medizin, wie in Wirklichkeit. Freilich besteht darin ein ziemlicher Unterschied dass in Wirklichkeit der Président de vespérie die Fakultät wegen ihrer Wissenschaft, Tugend und Uneigennützigkeit lobte, dagegen der Präses bei Molière den materiellen Gelderwerb preist. Darin liegt aber keine groteske Satire, sondern eine burleske Verhöhnung.[3]) — Die Fragen, die an den Kandidaten gerichtet

---

[1]) Raynaud, Les médecins au temps de Molière, Paris 1862, aus dem ich die Stelle habe, sagt von ihm, dass er *médecin de la duchesse douairière d'Orléans* gewesen sei. S. 438 Anm.

[2]) *Il vécut dans un état voisin de la misère d'où une âpreté de caractère dont il a laissé la preuve dans ses Essais de médecine.*

[3]) Ueber burlesk vgl. S. 17 Anm. 1 und Geschichte der grotesken Satire, Einleitung; burlesk ist der frivole, aus keinem berechtigten Grund das Erhabene in den Staub herunterziehende Scherz.

werden, sind der Reihe nach den verschiedensten Gebieten entnommen, zuerst der Physiologie, dann der Pathologie (*hydropisic, asthme, fièvre hectique*), endlich wird eine praktische Frage vorgelegt. Nach jeder Antwort spricht der Präsident die Worte: „*Audivistis, viri clarissimi, quam bene, quam apposite respondit Baccalaureus vester; cum, si placet, tempore et loco commendatum habebitis*". Die Antwort des Chores bei Molière ist dem Sinne nach gleich. Der Eid bei Molière ist dem wörtlichen beinahe auf den Leib geschnitten: „*Juras gardare statuta per Facultatem praescripta, cum sensu et jugeamento*"; in Wirklichkeit: „*quod observabis jura, statuta, leges et laudabiles consuetudines hujus ordinis*". — Und der Kandidat antwortet jedesmal „*Juro*". Auch die Aufnahmeformel ist der Wirklichkeit nachgeahmt. Sie lautete: „*Auctoritate sedis apostolicae qua fungor in hac parte, do tibi licentiam legendi, interpretandi et faciendi Medicinam hic et ubique terrarum*". Molière machte daraus: „*Ego cum isto boneto venerabili et docto Dono tibi et concedo Virtutem et puissanciam Medicandi, purgandi, seignandi, perçandi, taillandi, coupandi et occidendi impune per totam terram*".[1]) Das ist eigentlich keine groteske Uebertreibung, sondern nur eine nähere Ausführung des „*facere medicinam*". Die angeführten Heilmittel gab die damalige Medizin in Wirklichkeit. Nur das *occidendi* ist natürlich hinzugefügt und wiederum ein Herunterreissen der Ceremonie ins Gemeine. Also wiederum ein burlesker Scherz. Burlesk ist in dieser ganzen Scene auch dasjenige, was ihr den grössten komischen Reiz verleiht, das macaronische Latein. Die Aerzte zur Zeit Molière's schrieben nicht etwa wie die Scholastiker am Anfang der Renaissance ein barbarisches Latein. Im Gegenteil, ihr Latein war vorzüglich, wie Raynaud nachweist.[2]) Es hätte also kein Grund vorgelegen

---

[1]) Die primitive Fassung lautete aber nach Raynaud S. 235, welcher behauptet Magnin habe sie gefunden und in der Ausgabe von Molière's Werken von Ph. Chasles sei sie gedruckt: *Dono tibi atque concedo Puissanciam, virtutem atque licentiam Medicinam cum methodo faciendi, id est: Clysterisandi, Seignandi, Purgandi, Sangsacsandi, Ventosandi, Scarificandi, Perçandi, Taillandi, Coupandi, Trepanandi, Brulandi, Uno verbo selon les formes atque impune occidendi Parisiis et per totam terram.* — In Herrigs Archiv Bd. 91, S. 263 hat Ludwig Fränkel eine andere ziemlich verschiedene Fassung veröffentlicht.

[2]) l. c. S. 406 *J'ai lu pour ma part un grand nombre de thèses de cette époque, et je puis affirmer qu'elles sont presque toutes d'une latinité irréprochable que nous pouvons bien ne pas envier, mais qu'à coup sûr nous serions embarassés d'imiter.*

ihre Sprache so zu satirisieren, wie es mit dem Scholastikerlatein die Epistulae obscurorum virorum gethan hatten. Das schlechte Latein wollte aber Molière auch gar nicht geisseln. Er ärgerte sich wohl bloss über den so sehr verbreiteten Gebrauch der toten Sprache in einer Kunst, welche die ganze Menschheit anging. Er hielt dies für eine Affektiertheit und Unnatürlichkeit und machte sich auf burleske Weise darüber lustig, indem er die Aerzte statt in der besonders erhabenen und feierlichen Sprache, die sie erstrebten, in einem Kauderwelsch der ärgsten Art, welches sie dem Gelächter preisgeben musste, sich ausdrücken liess. So hätten wir denn in dieser Promotionsscene nicht eine groteske Satire zu erblicken, sondern einen burlesken Scherz.

Wenn Molière die Aerzte grotesk hätte satirisieren wollen, so hätte er in den von den Kandidaten bei den verschiedenen Prüfungen behandelten Fragen wahrhaftig Stoff genug gefunden. Louis Lenoir promovierte 1645 über die Frage *An modicus cibi, medicus sibi?* Revellois 1658 über *An utendum cibis simplicioribus?* Ed. Charier 1657 *Estne homini vivendum ut edat?*[1]). Von den Licenciaten wurden die Fragen untersucht: *An quartanae curandae conveniat ebrietas* (1658) — *Utrum Tobiae ex piscis folle curatio naturalis* (1668) — *An qui mel et bythyrum comedit, sciat reprobare malum et eligere bonum* (1670).[2]) Man wird unwillkürlich an die Bibliothek von St. Victor bei Rabelais erinnert, wenn man solche Titel liest. Die damalige medizinische Wissenschaft stand nämlich noch ganz unter dem Bann der Scholastik. Disputiert wurde nach fest vorgeschriebenem Schema.[3]) Wenn Molière in Mr. de Pourceaugnac den Arzt seine lange Rede so streng schematisch einteilen lässt, haben wir es mit einem Bild der Wirklichkeit zu thun. Auch dass Molière ihn

---

[1]) Vgl. Pauly, Molière et les médecins, Moliériste VIII, S. 200.

[2]) Von Raynaud S. 50 l. c. citiert nach Hazon „Eloge historique de la Faculté de médecine de Paris 1770. Raynaud citiert noch folgende Untersuchungen: *Est-il bon de s'enivrer une fois par mois? — La femme est-elle un ouvrage imparfait de la nature? — L'éternument est-il un acte naturel? — Les bâtards ont-ils plus d'esprit que les enfants légitimes? — Faut-il tenir compte des phases de la lune pour la coupe des cheveux?*

[3]) Die Thesen bestanden immer aus 5 Artikeln, vgl. Raynaud, S. 42: „*Dans le premier on donnait l'exposition du sujet, et on posait la majeure; dans le second on la développait; le troisième et le quatrième article étaient consacrés l'un à établir, l'autre à commenter la mineure. Enfin dans le cinquième on réfutait les objections et on tirait la conclusion des prémisses.*

in Gegenwart des Patienten so lang über seine Krankheit reden lässt, ist nicht übertrieben. Wer am besten und am längsten disputieren, wer in brillanten Perioden schreiben und sprechen, wer seine Gegner durch richtig angebrachte Citate zu überraschen und zu verwirren verstand, der galt als der geschickteste Mediziner. Bis zum Bacalaurensexamen sahen die Studenten die Kranken nicht. Erst dann begleiteten sie einen Arzt auf seine Besuche und nun verwandelte sich das Zimmer des Kranken in einen Vorlesungssaal; es wurde über seine Krankheit hin und her gestritten, wie in Mr. de Pourceaugnac und im Malade imaginaire.

Das grosse Gewicht endlich, welches die Aerzte bei Molière auf ihr äusseres Auftreten legen, ist auch dem wirklichen Leben getreulich nachgeahmt. Bei ihrer Ernennung mussten die Professoren der Medizin z. B. einen solennen Eid leisten, dass sie ihre Vorlesungen stets in vollem Ornat halten würden.[1] Die Aerzte trugen lange Perrücken, liessen sich den Bart stehen — dieses wurde sogar für so wichtig gehalten, dass eine These darüber geschrieben wurde „An medico barba?" — sie ritten gewöhnlich auf Maultieren durch die Stadt. Als der Arzt Guénaut gegen die Gewohnheit ein Pferd bestieg, verursachte er unter den Aerzten grosses Aergernis.[1] — Aber die Aerzte waren nicht bloss auf ihre Tracht stolz. Von ihrer Gelehrsamkeit und Unfehlbarkeit, von ihrer kolossalen Bedeutung überhaupt waren sie im höchsten Grade eingenommen. Von Anfang an wurde ihnen übrigens dieser Hochmut eingeflösst. Wir sehen es aus einigen von Raynaud l. c. p. 63 citierten Auszügen aus der Aufnahmerede eines jungen Mediziners in die Korporation.[2] Wenn man liest, mit welchen Lobsprüchen ein ganz junger Mensch wie dieser überschüttet wurde, kann man sich nicht wundern, dass er sich später als Arzt für eine bedeutende Persönlichkeit halten musste, gegen deren Anordnungen zu handeln,

---

[1] Ueber die Bedeutung, welche die Aerzte ihrer Tracht beilegten, wurde vielfach im Volke gespottet: Raynaud citiert p. 81 ohne Quellenangabe folgende Verse, welche im Volke gang und gebe waren: *Affecter un air pédantesque | crucher du grec et du latin, | longue perruque, habit grotesque | de la fourrure et du satin, | tout cela réuni fait presque | ce qu'on appelle un médecin.*

[2] „Paranymphus medicus habitus in scholis medicinae die 28 junii 1648 a Roberto Putin, medicinae baccalaureo", dem nachfolgen „Orationes encomiasticae singulorum qui tum licentiae gradu donandi erant".

Verbrechen war. „Da ist er, dieser junge Moreau", so heisst es in der Rede, „das Wunder seines Jahrhunderts und dieser Schule!" Was sage ich? Das Wunder? Kann man denn wunderbar einen Sterblichen nennen, bei dem alles göttlich ist? Das ist das unterscheidende Merkmal eines Helden, dass alles bei ihm erhaben ist und nichts an Mittelmässigkeit erinnert. — Und er vergleicht ihn mit jenen Helden, welche Isokrates θεῶν παῖδας nannte, er macht darauf aufmerksam, dass, wenn man ihn reden hörte, man zu gleicher Zeit Hippokrates, Plato, Aristoteles, Galen, Plinius, Theophrast, Ptolemaeus und Cicero zu hören meinte und jedermann auszurufen bereit war „*Non haec humanis opibus, non arte magistra proveniunt*". — Und wenn schon ein Kandidat so gepriesen wurde, was sagte man nicht alles, wenn die Fakultät in Frage kam? Hier kannte die Hyperbel keine Grenzen mehr. Einige Auszüge aus *Guil. Marcelli Rhetoris Oratio panegyrica pro celebritate iatrogonistarum laurea donandorum* mit dem typischen Titel *Medico Deo similis* mögen einen Begriff davon geben.[1]) Dieser Redner entblödet sich nicht auszurufen: „Ihr Herren aus der Fakultät, Ihr seid die Wohlthäter des Menschengeschlechts, Ihr seid Gott ähnlich durch Euer Wissen, ähnlich durch Euer Mitleid! Ihr seid die Minister und die 'Kollegen' Gottes". Und der Redner argumentiert weiter folgendermassen: „Alles kommt uns von Gott her, also das Schlechte wie das Gute. Von Euch, Ihr Herren Aerzte, kommt nur Gutes. Gewiss ist Gott gerecht, und er hat seine Gründe, wenn er uns betrübt. Aber schliesslich ist das Uebel immer das Uebel, und die Medizin ist immer heilsam. O über jene wunderbare und wirklich unglaubliche Erscheinung, wenn sie uns die Erfahrung nicht alle Tage lehrte. Gott schickt uns die Krankheit, und Ihr das Heilmittel! Er schlägt und Ihr heilt! Er legt uns die Duldung auf wie eine Strafe, und Ihr bringt uns nur Erleichterungen und Wohlthaten!" Und so kommt er denn zu dem grossartigen Schluss: „Wir wären dem Arzte selbst mehr schuldig als Gott selbst, wenn wir nicht Gott selber den Arzt verdankten". — Wenn derartiges in der Wirklichkeit geschah, so können wir uns nicht mehr über die Zornausbrüche Purgon's wundern und werden die Keckheit, mit welcher Tomès behauptet, ein Kranker könne nur mit Erlaubnis von Hippokrates' Regeln sterben,

---

[1]) Vgl. Raynaud l. c. S. 64—65.

natürlich finden. Ist der Arzt Gott ähnlich, so muss man ihm gehorchen wie Gott; wer es nicht thut, ist ein Gottloser und muss verdammt werden. Das ist ganz logisch.

Und ebenso wie das Selbstbewusstsein der Aerzte, so ist auch ihr starres Festhalten an der „Regel" der Wirklichkeit abgelauscht. Die ehrwürdige Pariser Fakultät „*veteris disciplinae retinentissima*", wie sie sich gerne nennt, war von einer Ausschliesslichkeit und Engherzigkeit, die uns empörend dünkt. Sie war die erklärte Feindin aller Fortschritte, die sie nicht selbst ins Werk gesetzt hatte; sie erklärte die Theorie von der Zirkulation des Blutes in Acht, da sie aus England kam, sie wollte das Antimon nicht als Heilmittel gelten lassen, weil es in Montpellier zuerst aufgekommen war; von der Chinarinde wollte sie nichts wissen, weil sie amerikanischer Import war. Noch im Jahre 1650 schrieb der Arzt Guy Patin, dass er die Einführung der Chemie in die medizinische Wissenschaft für durchaus schädlich halte, und 1671 wollte die Pariser Fakultät von den Lehren Descartes', die sich auf Anatomie und Physiologie bezogen, nichts wissen. Die Heilmittel, welche diese Aerzte verschrieben, waren stets dieselben „*seignare, purgare, clysterium donare*". Guy Patin nannte sich selbst den Mann der drei *s*, denn er kannte nur drei Heilmittel, *le séné, la saignée, le syrop de rose*. In seinen Büchern erzählt derselbe Arzt, er habe seine Frau von einer Lungenentzündung geheilt, indem er sie zwölfmal hintereinander zur Ader liess. Seinen Sohn, der am Fieber krank da lag, liess er nicht weniger als zwanzigmal zur Ader; einen Patienten, der an Rheumatismen litt, vierundsechzigmal. — Der Aderlass war das Heilmittel für alles, für Fieber, Nierenschmerzen, sogar für Keuchhusten. Und der Aberglaube, den wir bei Molière finden, spielte auch im Leben seine Rolle. Frau von Sévigné erzählt in einem Briefe des 13. März 1671, welches Mittel man gegen den Biss toller Hunde gebrauchte: Als drei Hofdamen der Königin von einem tollen Hund gebissen wurden, schickte man sie nach Dieppe und liess sie dreimal ins Meer hinuntertauchen. Dagegen scheint die ungerade Zahl von Salzkörnern und die Beachtung der ungeraden Zahl beim Anwenden von Heilmitteln nicht sehr übertrieben. — Ueberhaupt wenn man sich, wie wir es eben gethan, die Verhältnisse zu Molière's Zeiten genauer ansieht, kommt einem auch die Satire der Aerzte bei ihm gar nicht mehr sehr übertrieben vor. Der eine oder

andere Zug erreicht die Höhe des Grotesken, aber die gesamte
Satire der Aerzte nicht. Bei diesen Verhältnissen hätte er noch
ganz anders übertreiben müssen, um an die Höhe von Rabelais'
Satiren heran zu reichen. Im allgemeinen hat er sich damit
begnügt die diesbezüglichen Missstände grell zu beleuchten, und
nur hie und da hat er keck die Schranken der Möglichkeit
durchbrochen. Solche Beispiele sind bei dieser Satire häufiger
als sonst, weil Molière die Verhöhnung des Aerztestandes
besonders am Herzen lag. Hatte er doch selbst bei seiner
schwankenden Gesundheit immer viel mit den Aerzten zu thun
gehabt, und hatte er die Nichtigkeit ihrer Wissenschaft häufig
genug erproben können. Die Leidenschaft, die ja stets bei der
Erzeugung des Grotesken im Spiele ist, mochte ihn dazu führen,
hie und da die gewöhnlichen Grenzen über den Haufen zu
werfen. Grotesk wird unser Dichter auch in folgenden Beispielen, die wir vorhin zu erwähnen noch keine Gelegenheit
fanden, weil sie nicht direkt eine Satire der Aerzte als solche
sind. Der gute Thomas Diafoirus, der beschränkte, in seine
Wissenschaft ganz verbohrte Jüngling, der als Bräutigam der
Angélique ausersehn ist, weiss so wenig von der Welt der
Wirklichkeit und kann so wenig das Empfinden und Fühlen
eines jungen Mädchens beurteilen, dass er ihr als Brautgeschenk
nichts Besseres in Aussicht zu stellen weiss als seine These, die
er gegen den Verfechter der Theorie des Blutumlaufs geschrieben
hat,[1]) und, um ihr ein Vergnügen zu bereiten, sie einlädt, der
Sektion einer Frau beizuwohnen. Der Vater ist ebensowenig
weltgewandt. Er geniert sich durchaus nicht — *naturalia non
sunt turpia* — vor den anwesenden Mädchen zu erklären, dass
sein Sohn vollständig imstande sei, Kinder zu zeugen und in
dieser Beziehung also einen vorzüglichen Ehemann abgeben würde.

In den Femmes savantes finden wir auch einige Stellen,
welche an das Groteske streifen. Dass Bélise III, 3 sich in
Bezug auf ihre Anbeter den tollsten Illusionen hingiebt, mag
noch hingehen; in dieser Beziehung kann man in der That oft
sein blaues Wunder erleben. Dass Philaminte (II, 6) ihr Mädchen
entlässt, weil es Fehler gegen die Grammatik macht, ist trotz

---

[1]) Mahrenholtz schreibt allerdings S. 282 in Anm.: Ganz naturwahr!
Vor kurzem erst schrieb mir ein philologischer Th. Diafoirus: Ein Liebes-
antrag geschieht für einen Philologen am besten dadurch, dass man der Aus-
erwählten Broschüren überreicht und mit ihr darüber spricht!

aller Verschrobenheit der gelehrten Damen schon schwerer begreiflich; wirklich grotesk ist aber zweifellos das Verlangen Bélise's V, 3, der Notar solle im Ehekontrakt die Geldbeträge in Minen und Talenten, die Daten in Iden und Kalenden bezeichnen, und namentlich die Stelle II, 2, wo Philaminte und Bélise von ihren vermeintlichen astronomischen Entdeckungen im Mond sprechen. Behauptet doch Philaminte, sie habe ganz klar Menschen im Mond entdeckt und versteigt sich doch Bélise zu dem Ausspruch, sie habe zwar keine Menschen, aber Kirchtürme erblickt. — Aus dem Geizhals haben wir bereits die schönen Anekdötlein erwähnt, die nach Maitre Jacques' Erzählung über Harpagon in der Stadt herumgetragen werden. Dass er sich besondere Kalender machen liess, in denen die *quatretemps* und *vigiles* doppelt aufgeführt werden, um sein Gesinde häufiger zum Fasten zu zwingen, möge hier noch hinzugefügt werden. Uebrigens weiss auch sein Diener La Flèche sein groteskes Scherflein zur Charakteristik seines Herrn beizutragen, wenn er behauptet, Harpagon hasse so sehr das Wort „geben", dass er es niemals gebrauche, und dafür stets „leihen" anwende,[1]) oder indem er erzählt, der blosse Anblick eines Bittstellers verursache ihm schon Konvulsionen. Und Harpagon bleibt hinter seinen Dienern nicht zurück, sondern zeigt sich in groteskem Licht, wenn er, vom Commissaire gefragt, wen er denn des Diebstahls für verdächtig halte, antwortet: *Tout le monde, et je veux que vous arrétiez prisonniers la ville et les faubourgs.* V, 1.

Solche Stellen sind aber verhältnismässig recht selten und können eher als groteske Witze denn als groteske Satiren im grossen Stil angesehn werden. Wir kommen also in unserer Untersuchung zu einem vorwiegend negativen Resultat. Die groteske Satire als solche spielt bei Molière keine grosse Rolle. Bereits in meiner Geschichte der grotesken Satire hatte ich S. 483 die Behauptung ausgesprochen, dass schon aus kulturgeschichtlichen Gründen im 17. Jahrhundert die groteske Satire nicht mehr blühen konnte. Unser jetziges Resultat bietet für Molière die Bestätigung dazu.

Molière hat die Schäden seiner Zeit satirisiert, wie Rabelais die der seinigen. Aber beide thun es dem Geschmack ihrer Zeit

---

[1]) II, 5 „*donner est un mot pour qui il a tant d'aversion qu'il ne dit jamais, je vous donne, mais je vous prête le bonjour*".

gemäss. Der ältere in tollster Ausgelassenheit und mit gröbster, jovialster Uebertreibung. Wäre er nicht in so schallendes Gelächter ausgebrochen, so wäre es seiner stürmisch dahin eilenden Zeit nicht eingefallen auf ihn zu hören. Molière brauchte so starke Mittel nicht. Mit weltmännischer Höflichkeit und ironischem Lächeln hielt er seinen Zeitgenossen den Spiegel vor, um ihnen zu zeigen, wie sie waren, und Preziösen und Marquis, Dichterlinge und Blaustrümpfe, Aerzte und Heuchler, bissen sich aus Aerger in die Lippen; Verleumdung und Klatscherei, Gericht und Kirche suchten sie in Bewegung zu setzen, um ihren Feind zu verderben, aber alles umsonst. Ihr Bild lebt in dem Spiegel weiter, hell und klar, uns manchmal übertrieben vorkommend, weil wir an die Möglichkeit solcher Zustände nicht mehr glauben können, aber doch im Grunde wahr und echt.